占いで幸せになる女《ひと》 不幸になる女《ひと》

占い師
ソフィア・リブラ
Sophia Libra

経済界

はじめに

人間にとって占いとは何なのか

あなたは占いというものを信じますか?

この本を手に取ったということは、少なからずあなたは、占いに興味や関心があるのでしょう。そして、解決できない困難を抱えているのかもしれません。恋愛、人間関係、仕事、お金……生きている限り、人間の悩みや迷いが尽きることはありません。

無数にある選択肢の中から何を選ぶのが正しいのかなんて、ずっと後にならないとわからないものです。たいていのことは死ぬまで……いいえ、死んでも正解は見つけられないのかもしれません。

そう、いくら考えても未来は予測などできないものなのです。でも、未来がわからない、というのは、あなたがきちんと自分の将来について向き合い、悩んでいる証拠でもあります。

そんな人生の岐路に立ったとき。どうしても何かを選べないとき。人は占いを心のよすがとしてきました。まったくこの占いとは不思議なもので、いつも人間の心の傍にいるのです。

占いの歴史を辿ってみると、たとえば風水などはおよそ3000年前からあると言われています。風水とは言わないまでも、古い古墳などには東西南北の古墳の彫り物に今の風水の理論を裏付けるようなものが存在すると言います。もしもそうであるならば、その起源は6000年も遡《さかのぼ》ることになります。

このほか、古代バビロニアが起源の星座占いや、根拠のない（？）血液型占いなど、さまざまに形や手法を変えながらも、占いはいつも人間の心に寄り添っていたのではないでしょうか。

では、どうして私たち人間は占いを求めるのでしょう。

それはきっと、未来への希望や不安からくるものだと思います。

自分の未来はいったいどのようなものなのか。抱いている夢は叶うのだろうか。それとも儚《はかな》いものとして散ってしまうのだろうか。自分の身に何か悪いことが起きてはこないだろうか。家族に災難が降りかかったりしないだろうか。自分の人生はどうなっていくのだろうか。

考えれば考えるほどに、不安な気持ちは大きくなっていきます。

しかし、その答えがないことも十分にわかっています。それでも人間は、答えの尻尾を捕まえたいと願う。少しでも未来へのヒントが欲しいと思ってしまう。その気持ちが、占いへと誘っていくのだと思います。

その気持ちは、人間に「未来」というものがある限り消えることはありません。明日という未来。来年という未来。10年後という自分の未来。そこに思いを馳せながら生きていくこと。それが人間というものである限り、私たち人間は占いというものと寄り添って生きていくのでしょう。

私は今、58歳になります。占い師になってからはまだ8年ほどですが、それ以前に、様々な人生経験を積み重ねてきました。苦しい経験、悲しい思い、神様をも恨むような理不尽な経験もしてきました。そんな私の人生経験と多種にわたる占いの勉強によって、今の天職に辿りついたのです。

そして今、心から思うことは、私にとっての天職・占いで人のために生きてゆきたいということです。理不尽な不幸に見舞われ、人生を投げ出したいと思っている人がいるなら、その人の心にそっと寄り添ってあげたい。たとえ占いで悪い結果がでたとしても、それを糧にできるような言葉を添えてあげたいと思います。

私のもとに「占ってください」と言ってくる人は後を絶ちません。私が占ってきた方の中には、自ら不幸に向かって突き進んでいる人もいました。彼女たちがなぜそうなったのか、お伝えしたいと思います。

お読みいただければわかりますが、彼女たちもあなたと同様に幸せを求めただけです。ほんのひとつボタンを掛け違えたばかりに真逆の方向に進んでしまった。どうか、彼女たちの姿を半面教師にするだけでなく、冷静に受け止めてください。

占いで不幸になった女《ひと》たちは、あなたや私といったい何が違うのか。実はたいして違いがないと気が付いてしまったら、あなたはどうしますか。

本書では、実際に占いで幸せになった女《ひと》・不幸になった女《ひと》のケーススタディのほか、神秘のベールに包まれがちな「占い師」という職業の裏話、気になる結婚運などの運気の上げ方、さらに占い師との上手な付き合い方をご紹介します。

また私が占い師になった奇妙な運命についても書きました。「占いなんか信じない」と言い張っていた強情な理数系の人間が、いかにして予約も取れない占い師になったのか。

占い師として働くことに興味がある方や、なぜ当たるの？　と不思議に思っている人にも楽しんでいただけるよう、ミニコラムも収録してあります。

本書は占いがテーマですが、占いの手法などを紹介するものではありません。占いというものとどう向き合い、その占いを使っていかに良き未来を築いていくか。その心の持ちようを書き記したものです。本書を読み終えたときに、きっとあなたの占いに対する姿勢は変わっているでしょう。

占いというものを自分の人生にどのように生かせばいいかに気づく。

そんな一冊になることを心から願っております。

２０１６年12月吉日

ソフィア・リブラ

占いで幸せになる女　不幸になる女　もくじ

第3章

占いに導かれた女――ある占い師の独白

第4章 すべての女《ひと》は幸せになる力がある

第1章

占いで不幸になった女《ひと》たち

CASE 1

「占いジプシー」たちは踊り続ける

占いジプシーさん（33歳）

・切れ長の目元と細いアゴが特徴のクールな印象の美人
・スリムなモデル体型で流行のファッションを自然に着こなしている
・大手商社で営業職7年目のキャリアウーマン
・社内での評価も高く、同期内での出世株として注目されている
・最近、都内に1LDKのマンションを購入した
・同性の友達が多く、女子会を定期的に開催
・彼氏とは4年前に自然消滅
・いつかは結婚したいが、出産願望がないので焦っていない

「将来について何となく占ってください」

その女性が私の部屋に入ってきて、椅子に座ると同時に言いました。

「私、自分に都合の悪いことを言われたら気分が悪いから、先生、いいことだけ言ってください。嫌なことは言わなくてけっこうですから」

この言葉を聞いた瞬間に、彼女が「占いジプシー」であることがすぐにわかりました。自分に心地良い答えばかりを捜し歩いている。単に自己満足だけを求めて彷徨《さまよ》っている。そんな彼女の姿が目に浮かびます。

「今日はどんなことを占ってほしいのですか。どんな悩みを相談したいのですか」

私が聞くと、彼女は自分が置かれている状況を説明した後で、はっきりとしない口調で言いました。

「別にこれといって具体的な相談ではありません。何となく将来について、全般的に占ってほしいんです」と。

これほど厄介な相談はありません。人生全般と言われても、人生を構成するパーツはそれこそ星の数ほどあります。いったい「全般」とは何を指しているのか。何となくはわかりますが、占うほうとしては、どう対処してよいのかわからないのです。そしてまた、こうした相談者が多いのも事実です。

彼女が置かれている状況を鑑《かんが》みると、どこにも具体的な相談事がみえてきません。仕事も順調ですから、会社関係の悩みもなさそうです。１ＬＤＫのマンションを購入したくらいですからお金の悩みもないでしょう。まして彼氏もいないのですから、結婚云々の悩みもない。かといって彼氏がぜったいに欲しいというふうでもありません。

要するに、彼女には「質問」することがないのですから、こちらとしても「答え」を提示することなどできないということです。

2時間ほど彼女の話を私は聞きました。そこで私は結論をだしました。

それは、この人には占いは必要がないという結論です。

「あなたはきっと強い人だから、何でも自分で決めることができるでしょ。ひとりで独立して、経済的にもしっかりと自立している。

恋人がいないことだって、きっとあなた自身が選択していることだと思うよ。

そんなふうに自分の力で生きてゆけるんだから、あなたに占いは必要ないと私は思う。今日の鑑定料はいらないから、これからは占いに頼らないように生きていくことだと思います」

私は彼女にこう言いました。彼女はあっけにとられたように、そして憮然《ぶぜん》とした表情を見せながら帰っていきました。

満足できる答えをくれるどころか、占うことさえも拒否されたのですから、きっと頭にきていたでしょう。

彼女が帰ろうとする後ろ姿に向かって、私は声をかけました。

「あなたが本当に悩みを抱えたときには、またいらっしゃい。そのときはあなたと一緒に、私もあなたの悩みと向き合うから」

その一言を聞いて、彼女は少し笑顔をみせていました。

彼女と会ったのはその一度だけです。それ以来、私のもとを訪れることはありませんでした。

彼女が私のところに来ない。それこそが素晴らしいことだと私は思っています。

私のところに来ないということは、充実した毎日を送っているということ。「占いジプシー」を卒業して、自分自身の足で歩き始めたということ。私はそう信じることにしているのです。

／解説／

あいまいな悩み、ぼんやりとした不安

大して大きな悩みを抱えているわけではありません。どちらかと言えば順調な人生を歩んでいる。

仕事もまあまあ充実しているし、お金に困っているわけでもない。いかにも自由気ままに幸せそうにしているけれど、心のどこかに不足感を抱えている。と同時に、将来に対する漠然とした不安感につきまとわれている。

そういう人が増えているような気がします。そして、それは圧倒的に、女性に多いのです。

年齢が30歳を超えてくると、いろんな不安感が頭をもたげてきます。

自分にぴったりの結婚相手がみつかるだろうか。

子供も産むことができるだろうか。

子育ても完璧にやることができるだろうか。

私のこれからの人生は幸せなものになるのだろうか。

こちらからみれば、とても恵まれた人生を送っているようにみえるのですが、当の本人は不安や不満をいつも抱えながら生きている。こういう女性が陥りやすいのが、占い師のはしごです。

どこかにいい占い師がいると聞きつけてはすぐさま飛んでいく。四柱推命から手相や易まで、あらゆる占いのはしごをします。しかし、どこにも自分が満足できるような答えは見つかりません。

それは当たり前です。当人に具体的な悩みがないのですから、占うほうにしてもどうしようもない。健康運を占ってほしいというのならそれはできるでしょう。結婚運を占ってほしいというならすぐにできます。

しかし、彼女たちはもともと具体的な悩みなどないのですから、漠然と将来を占うしかありません。漠然と占うということは、すなわち漠然としたアドバイスしかできないということ。

この繰り返しによって、いつまでも彼女たちは満足することができないのです。

彼女たちは、いったい、どのような答えを占い師に求めているのでしょうか。

彼女たちが求めている言葉はただひとつ

彼女たちが求めている答えはただひとつ。それは、

「大丈夫ですよ。あなたの将来はきっと幸せなものになります。結婚相手もみつかりますし、円満な家庭を築くことができると占いにでています」

これが、彼女たちが究極に求めている答えなのです。

ところが多くの占い師は、この答えをはっきると告げることはしません。たとえすばらしい占い結果がでたとしても、それをストレートに告げることはしない。どうしてか。それは、もしも「あなたの将来は大丈夫ですよ」と言ってしまえば、もうその人が来てくれることはないからです。

占いジプシーたちは占い師のはしごが面倒になると、今度は電話での占いが始まります。女性誌の広告などでよくみかける、いわゆる「電話占い」です。

家にいながらにして占い師に相談することができる。しかも自分の顔も相手に

は知られないのですから、気楽な気分で何でも相談することができる。こうした占いのシステムが流行しているようです。

実は、これは占い師にとっても「おいしい」商売です。電話で生年月日などを聞き、そこで簡単な占いをする。後は相手の愚痴を聞いているだけでいい。何分いくらのシステムですから、長電話になるほどお金が入ってきます。

大丈夫ですよ、と電話を切ってしまえば、その瞬間にお金は入ってこない。だから相手が不安になるようなことを必ず言います。

「もしかしたら40代で病気になるかもしれませんね」

「結婚のチャンスを逃してしまう可能性がありますね」と。

そう言われれば、心配になってくるのは当たり前です。心配になるから、また翌日に電話をかけて「どうすればいいですか」と聞くことになります。

もちろん、電話で占いをしている占い師がすべてそうだということではありませんが、占ってもらう側も、ある程度は距離をとることが必要だと思います。

あるはずもない答えを探すために、あちこちの占い師を渡り歩く。私はそんな人を「占いジプシー」と呼んでいます。

考えてみれば、この手の漠然とした不安感などは、昔は友人同士で解決していたように思います。

「私は結婚できるか心配なの」そんな悩みを友人に話す。

すると友人も同じ悩みを抱えていることがわかる。同じ悩みを抱えている人が自分の身近にいる。それを知るだけで元気になったりするものです。

互いに不安を打ち明け、愚痴をこぼし合い、そして励まし合っていく。おそらくそんな人間関係が希薄になってきたのかもしれません。だから、何の利害関係もない占い師に話を聞いてもらおうとする。高いお金を払って。

占い師ができるのは、ほんの些細なこと

私の占い師としてのポリシーのひとつ。

それは、絶対にこちらから連絡をしないということです。

占い師のなかには、通ってこなくなると連絡をする人たちがいます。

「最近はどうですか。何か不安や心配事がでてきてませんか」と。

これはまさに営業活動です。

「最近はどうですか」と聞かれれば、たいていの人は心に引っ掛かることがあるものです。その小さな引っ掛かりを思いださせて、占い師のところに足を向けようとする。それは、やってはいけないことだと私は思っています。

もちろん、なかには心配な人もたくさんいます。

「あの人はあれからどうしてるだろうか」

「私の占いとアドバイスで良い方向に進んでいるだろうか」

占った責任として心配になることもあります。でも、私は絶対にこちらからは連絡しません。

考えてみれば、どういった心持ちのときに私のことを思いだすのか。それは、心が弱っていたり、何らかの悩みを抱えているときです。毎日が充実して楽しい日々を送っていれば、私のことなど思いだすこともない。

つまり、私のことを思いだすことは、すなわちその人が幸せでないということ。思いだしてくれるのは嬉しいことですが、できるなら私の存在など忘れているほうがいい。私はそういう思いでみなさんと接しているのです。

将来に対する漠然とした不安や心配。それは誰の心にも巣くっているものです。将来に対する不安などいっさいない。雲ひとつない晴れ渡った将来しかみえない。そんな人はひとりもいないでしょう。

もしもいたとすれば、それもまた錯覚にすぎません。未来の自分の姿を按ずるのは、人間として当然のことだと私は思っています。

もちろん多角的な占いによって、その人の将来が見渡せることはできます。ある程度の将来が私には導きだせます。しかしそれとて、ひとつの指標にすぎません。良き人生に導くための道標《みちしるべ》を占い師は提示しているだけです。

ほんとうの答えは、あなた自身の心の中にあります。

漠然とした不安や心配と立ち向かう方法も、実はあなた自身の力で導きださなければいけないのです。

占い師の役割とは、あなたが導きだした「答え」を後押ししたり、少しの方向を修正すること。それこそが私の役割だと思っているのです。

CASE

2

風水グッズに囲まれて動けなくなる主婦

風水グッズ爆買い主婦さん（41歳）

・都内のマイホームで夫（商社勤務）と息子（小学4年生）の3人暮らし
・短大卒業後、地元企業に入社
・取引先に勤務していた夫と結婚。寿退社後は専業主婦
・小柄でぽっちゃりとした、笑顔がかわいいタイプ
・やや思い込みが激しい、猪突猛進タイプ
・主婦仲間でフラワーアレンジメントが流行中
・お隣さんから風水をすすめられてから、はまってしまった

「夫は浮気をしているに違いない」

相談事は夫の浮気。よくある相談です。

どうやら夫が浮気をしているらしいと疑っている彼女は、毎日その心配ばかりしています。夫に問い詰めても否定するけれど、彼女はぜったいに浮気をしていると頭から信じているようでした。

気持ちが不安定になっているのですから、何となく家庭の中もぎくしゃくしてくる。そこで彼女が頼ったのが風水でした。

風水師のところを渡り歩き、言われるままに風水グッズを爆買いしている。その金額は私も驚くくらいのものでした。ご主人の限られた給料の中から捻出するわけですから、どんどん貯金も減っていきます。

それでも彼女は、夫の浮気が治ればとせっせと爆買いを続けてきたのです。

夫が浮気をしているのなら、それは同じ女性としても相談に乗ってあげたい。

しかし、彼女の話をじっくり聞いてみると、ほんとうにご主人が浮気をしているかが疑問に思い始めたのです。

彼女は夫の浮気を疑うあまり、何度も探偵を雇ったといいます。相当の時間をかけて夫の動向を調査してもらった。ところが探偵からの報告はいつも「シロ」です。つまり、浮気現場などに遭遇しなかったということです。大抵は、そこで安心するのですが、彼女はそれでも疑うことを止めなかった。そしてとうとう、夫の携帯電話にGPS機能を付けさせたというのです。GPS機能が付いていれば、常に夫の居場所が明確にわかります。

もちろんGPS機能を彼女が勝手に付けることなどできませんから、おそらくはご主人も了解して付けたのだと思います。自分の携帯電話にGPS機能を付けてもいいというのですから、その時点でご主人が浮気をしていることなどないと考えるのが普通です。

それでも彼女は疑うことをやめませんでした。

ご主人の帰宅のとき、乗換駅で30分ほど滞在することがわかると、帰宅するなり夫を問い詰めます。

「あの駅で乗り換えするには5分もあれば十分でしょ。どうして30分も乗換駅にいたの」と。

「ちょっと書店を覗いただけだよ」とご主人が言っても信用しません。

「もしかして誰かと一緒だったんじゃないの」

そんな会話の繰り返しです。

「家族のため」という主婦こそ危ない

夫の浮気相談が1年ほど続くと、今度は子供の相談に移ってきました。

もちろんご主人との関係が修復されたわけではなく、単に逃げ道として子供に目が向いたのでしょう。

「息子は小学4年生になったのですが、そろそろ本格的に中学受験の勉強をさせようと思っています。息子が合格できるような風水を教えてください」と。

それまでの彼女をみてきた私は、風水を伝授する前に尋ねました。

「お子さんは、自分の意志で中学受験をしたいと望んでいるのですか」と。

彼女は胸を張って答えます。

「当たり前じゃないですか。まわりにも中学受験をする子供はたくさんいます。あの子は自分の将来を考えたうえで受験すると言っています」

ほんとうにそうでしょうか。小学校4年になったばかりの子供が、自分の将来など明確に思い描くことができるでしょうか。

野球選手になりたいとか、サッカー選手になりたいという夢ならわかります。しかし、どこそこの中学に行き、一流大学に入り、大企業に就職する。そんな現実的な夢を小学生がもつことができるでしょうか。私にはそれが信じられません。

きっとそのお子さんは、母親の機嫌を損ないたくないがために、中学受験をすると言っているようにしか思えないのです。それが逆に、子供自身の将来を台無しにしているような気がするのです。

夫の浮気を疑ってみたり、あるいは我が子の教育に熱心になったり。程度の差こそありますが、このような女性はたくさんいると思います。

もちろんそれらが真の愛情からくるものであればいいのですが、そうではない人もいる。極端に走ってしまう人もなかにはいるものです。

2年間、私のところに通ってきたその女性。私のアドバイスに耳を傾けることなく、相も変わらず風水グッズの爆買いを止めることはありませんでした。

そしてとうとう貯金も底をついた。ご主人はエリート商社マンですから、給料も良かったと思います。しかし、その給料もグッズにつぎ込んでしまいました。

行き着く先は離婚。

「どうして別れなくてはいけないの。私は家族のためにと思ってやってきたことなのよ。理想の家族になりたいと努力してきたつもりなのよ。あなたの帰宅する時間もきっちりと把握して、子供の教育にも心を砕いてきたのに。どうしてなの」

その彼女の言葉に、ご主人はこう答えたそうです。

「そういうお前が嫌なんだ。もう疲れたよ」

きっとご主人は浮気などしてなかったと私は思っています。誠実に家族のために仕事をしていたのだと思います。

しかし、彼にはほっとできる場所がなかった。乗換駅での30分だけが、彼の心を休める場所だったのかもしれません。

解説

それは誰に向けた愛情なの？

私のところに相談にやってきた主婦。風水のグッズを爆買いしてしまうようなタイプの人たち。そういう人の心には、ある共通点があります。

それは一言で言ってしまえば「自己中心的」であるということ。

要するに、すべての物事が自分の思うように運ばれなくては気が済まない。自分の描く家庭像に家族を当てはめようと無理強いをする。

夫は、毎日7時には帰宅するのが当たり前だ。夕食には家族が揃うのが当然。休日には家族で出かけるのが自然なことで、そうならないのは夫のせいだと。

子供のことにしても、自分の思い描くように育ってほしい。素直で親の言うことを良く聞き、まじめに勉強して一流の学校に入る。大企業に就職して安定した将来に向かって歩いていく。それこそが家族みんなの幸せなのだと。

そして少しでも家族の誰かが自分が思い描く道を逸《そ》れようものなら、何としてでも修正しようとする。その気持ちが、占いや風水に向かっていくのです。

幸福感というものは、ひとりひとりが違うものです。たとえ夫婦や家族であっても、人間としての幸福感がすべて同じというわけではありません。

もちろん共有できる部分もたくさんありますし、共有するものがあるからこそ夫婦でいることができるのでしょう。

それでも自分の幸福感のすべてを相手に押し付けてはいけないのです。自分の幸福感を相手に押し付けることは、すなわち相手の人格をも認めてないということ。自分が良かれと思ってしたことが、逆に相手にとっての負担になる。それが人間と人間の関係なのです。

風水で日々の不満から目をそらす

占い師に頼る前に、風水グッズを買いあさる前に、やるべきことがあると思います。それは互いにしっかりと向き合うことです。

自分の気持ちを正直に相手にぶつけ、相手の気持ちも心から聞いてあげる。自分の幸せを相手に押し付けるのではなく、まずは相手の幸せを考えてあげること。

お互いにそんな気持ちさえあれば、占い師の存在は必要ありません。

安易に占いに頼るのではなく、まずは自身の力で向かってみること。そうなれば私たち占い師の仕事は減るかもしれませんが、占い師が蔓延《はびこ》る社会というのは、どこか幸せではないと私は思っています。

だって、人生が順調に進んでいるときに、占いに頼る人はいないのですから。社会のみんなが生き生きとしていれば、私たちの存在はひっそりとしたものになるでしょう。

「高価だから効く」という思い込みは捨てなさい

さて、風水のグッズについて少し触れておきましょう。

風水師などに占ってもらうと、良いとされるグッズを勧められることもあるでしょう。風水というのは宗教やおまじないとは違い、きちんとした理論に基づいたものです。したがって、その理論に合致したグッズがあることも事実です。

しかし、かといって勧められるままに買い求めるのはお勧めできません。

私も風水をしておりますので、事務所にはお分けするためのアメジスト・ドームを用意しています。でも、誰にでもお売りするというものではありません。本当にこの人には必要だな。この人がもつことによってアメジスト・ドームの力は発揮される。そう判断した人にしかお譲りしてません。

なかには「先生、アメジスト・ドームが良いと聞きました。ぜひ私にも売ってください」と言ってくる人もいます。風水の書物などにも紹介されていますので、昨今はブームにもなっているようです。

そういう人に私は言います。

「アメジスト・ドームを置いたからと言って、それでどうなるということではないのですよ。たしかに風水としては良いものだけど、そこにあなた自身の努力や心がなければ無駄になるだけですよ」と。

また、アメジスト・ドームはけっして安価なものではありません。小さい物でも数万円から数十万円を超えます。何度も私がみた人で、この人には必要だと思えばお売りしますが、初めての方には必ず言います。

「これはけっして安いものではありませんから、一度帰ってご家族の方と相談されてはいかがですか。

あるいは帰り道に、ほんとうに自分に必要かを考えてみてください。私はこれを売って商売をしているわけではありませんから」と。


人はつい、「物」や「形」が欲しくなってきます。ただ占ってもらったというだけでなく、グッズなどを買い求めることで心が満たされることもあるものです。そういう「物」をもっているだけで、不思議と気持ちが落ち着いたりもします。

その気持ちは大切だと思います。しかし、それが行き過ぎれば、怪しげな霊感商法などにひっかかってしまうことにもなりかねません。

どうしても何かの「物」や「形」が欲しいのであれば、自分が信頼する占い師が勧めるグッズ。それも安価なグッズを買ってみることです。

高価な物ほど効き目が良い。そんな理論は風水のなかにはいっさいありません。

CASE 3

結婚を決められない美しきアラフォー女

アラフォー女子さん（39歳）

・スリムというよりも少年のような体形。中性的な印象の美人
・実家暮らしでアパレル会社勤務
・流行も押さえつつ、自分に似合うおしゃれをしている
・自己主張しない控えめな性格
・20代のころは彼氏がいたが、結婚を意識せず別れてしまった
・年に2回、同僚と海外旅行に行くのが楽しみ

／「やっぱ結婚したいなって。とりあえず（笑）」

年齢よりも若く見えるおしゃれな女性です。しかしこれまで男性との縁がなく、これといった結婚相手が現れることはありませんでした。それでも何とか40歳までに結婚したいと、思い切ってお見合いをすることになったといいます。

お見合いの候補は3人。彼女は、3人のお見合い写真を見ながら迷いました。どの人がいいのかも自分ではよくわかりません。3人共に好きなタイプではないけれど、そこそこ結婚には適しているようにも思えます。

自分で選ぶことができずに、彼女はその3枚のお見合い写真をもって、占い師のところに相談に行きました。

「この3人の男性の中で、私と相性が良い人を占ってください」と。

その占い師はひとりの男性を示して言いました。

「この人との相性がいちばんいいという占いがでてます。そして、このお見合いはあなたにとって最後のチャンスです。これを逃せば、もうあなたは生涯結婚できないと占いにはでています」

　そう言われた女性は、言われたままにその男性と何度か会い、そして婚約するに至ったのです。

　ところが婚約まで行ったのはいいけど、何となく納得できません。ほんとうにこの人でいいのだろうか。やはり別の人のほうが良かったのではないだろうか。

　再び迷う気持ちになって、そこで私のところにやってきたのです。

「先生、ある占い師にみてもらって、この人に決めたのですが、ほんとうにこの人との相性がいいのでしょうか。心配なので、占ってみてくれませんか」と。

　占いを依頼されたのですから、私としても仕事として占うのはやぶさかではありません。それでも少し、彼女の気持ちが揺れていることがわかりましたので、いくつか質問をしてみたのです。

「あなたはこの人と何度くらい会ったのですか？」

「そうですね。３回くらいです」

「その３回のデートで、この人となら結婚生活をやっていけると思いましたか？」

「いや、そこまでには至っていません」

「その人と一緒にいて、何か違和感を感じたことはありませんか。気になる仕草とか、嫌なこととか」

「そういえば、食事の仕方が嫌いです。何となく汚らしい食べ方で、一緒に食事をしていても気になります」

「食事は大切なことですよ。結婚すれば、1年中その人と一緒に食事をすることになるのですよ。それでも我慢できるのですか」

「でも、相性が良いと言われたので、きっと何とかなると思います。それに私はこのチャンスを逃せば、もう結婚はできませんから」

彼女の心がその男性を受け入れていないことはよくわかりました。

それでも彼女は、何としてでも「最後のチャンス」にかけようとしています。とにかく私は彼女の希望どおりに、その男性との相性を占うことにしました。

愛がないから相性にすがる

そうして私が占った結果は、お世辞にも良いとは言えるものではありません。

どちらかと言えば、悪い相性という結果がでたのです。

きっと彼女は「大丈夫ですよ。その人との相性はいいですよ」という答えを望んでいたのだと思います。ほんとうにこの人でいいのだろうか。その心の迷いを吹っ切ってくれるような答え。それを期待して私のところにやってきたのだと思います。

ひとりだけの占い師では心もとない。でも、2人の占い師が背中を押してくれれば、心置きなく結婚に踏み切ることができる。おそらくはそう考えていたのだと思います。しかし私の答えは、彼女が望んでいるものではありませんでした。

「あなたとこの男性との相性はあまり良くありません。長続きするのは難しいと思いますよ。もちろん努力をすれば良い方向に行くでしょうが、おそらくはそれも無理でしょう。なぜなら、あなた自身がその人のことを心からわかろうとしていないからです」

私の言葉にますます迷いが生じたのか、彼女は少し落ち込んだ様子で帰っていきました。

しかし3か月後、彼女はその男性と結婚式を挙げました。すでに婚約まで済ませています。年齢のことや周囲のことを考えると、そこで取りやめにすることも難しかったのでしょう。

詳しい経緯はわかりませんが、せめて私と会ってからの3か月で、お互いに分かち合おうとする努力がなされたことを願うばかりでした。

1年ほど経ったある日。彼女が再び私のところにやってきました。彼女の顔をみた瞬間に、私はピンときました。やはり結婚生活はうまくいかなかったのだと。

「離婚しました」と彼女は言いました。

結婚したのはいいけれど、そこには単なる結婚という形があっただけ。お互いの気持ちを理解することもなく、まるで同居人のようにひとつ屋根の下に住んでいるだけ。そこに温かな空気が生まれるはずもありません。

そしてとうとうご主人が、その女性に聞いたそうです。

「君はどうして僕と結婚したの？」

彼女はすかさず答えたそうです。

「だって、占い師にみてもらったら、相性がいいと言われたから。それに、あなたを逃したら、もう結婚できないと言われたから」

その答えを聞いて、ご主人も離婚の意思が固まったのだと思います。

私は、そのご主人に会ったこともありませんし、その人となりも知りません。離婚するのは双方に原因があることも当然です。それでも私は、どこかでそのご主人に同情をしてしまいました。

占い師に言われるままに結婚相手を決める。そんなバカげたことはないだろうと思われるでしょうが、意外とそういう人はいるのです。

程度の差こそありますが、結婚相手から結婚式場、新婚旅行の行き先や住む家まで占い師の言われるままにするという人もいます。実名は挙げられませんが、芸能界の中にもそういう人が何人もいることを私は知っています。

解説

「相性」に縛られ過ぎて思考停止

自分自身で決めることができないで、誰かに決めてほしいと考える。でも家族や友人に決められるのもしゃくだから、いっそ占い師に決めてもらおう。

そんな人がいます。

自分の気持ちは二の次で、とにかく占いの結果を優先して物事を決めたりする。まあそれでうまくいけばいいのでしょうが、多くの場合はどこかで齟齬《そご》が生まれてくるものです。当たり前です。そこには自分の心がないのですから。


結婚や恋愛に対する相談は後を絶ちません。それこそ未婚女性の7割は恋愛に対する相談だと言っても過言ではないでしょう。

もちろん付き合いを深めたところで、2人の相性が気になるのなら占います。たとえそこで相性が良くないという結果がでたとしても、それを乗り越えていこうと努力することで、さらに絆が深まることもあります。

それほどの関係ができていれば、こちらとしても真摯な気持ちで占うこともできます。

ところが、2人の関係が深まってもいないのに、まだ付き合いが始まったばかりだというのに、まずは相性をみてほしいとやってくる女性が多い。それはとても困ります。

「占うのはいいけれど、あなたはその人のことがほんとうに好きなの？　一緒にいて違和感もないの？」

私がそう聞いて、

「ハイ、大好きです。違和感などまったくありません」という答えが返ってきたら、私は言います。

「だったら占う必要などないじゃない。このまま2人の絆を深めていけばいいと思うよ」と。

それでも占ってほしいというのならもちろん占いますが、大切なのは自分自身の気持ちです。

ほんとうにその人のことが好きなのか。嫌なところもあるけど、それさえもひっくるめて好きなのか。たとえ相性が良くないと言われても、好きと言う気持ちが揺らぐことはないのか。まずは自分の心に聞いてみることです。

そしてどうしても自分の心の揺れが収まらないとき。そんなときにこそ占い師のもとを訪ねることです。

お見合い写真をもってきて、相性を占ってほしいとやってきた女性。彼女のことを責めているわけではありません。彼女のような依存心の強い女性はたくさんいるものです。

そんな依存心の強い人に対して、私たち占い師はけっして決めつけるような言葉を投げかけてはいけない。私は常にそれを心しています。

彼女はある意味では不幸でした。それは、初めにみてもらった占い師に「このチャンスを逃せば、あなたは結婚できませんよ」と言われたことで、どこかで心の眼が曇ってしまったのだと思います。

もしも、「これから数年間は、結婚のチャンスがたくさんありそうですよ」と言われていたら、きっと彼女はその男性との結婚を決めることはしなかったと思います。わざわざ好きでもない人と結婚する必要はないのですから。

しかし「最後のチャンス」という言葉が彼女の心を支配し、まるで脅迫されるように結婚を決めてしまった。

ある意味で、その占い師の責任は大きいと私は思います。

「もうこれで後がないよ」

もしも占いでそうでたとしても、けっしてその言葉は言ってはいけない。その一言は占い師が思っている以上に重いことを知るべきです。

まして「後がないかあるか」は占い師が決めることではなく、本人が決めることなのです。

自分自身で後がないと信じてしまえば、ほんとうに後がなくなってきます。まだまだチャンスはあると信じれば、不思議とチャンスは巡ってくる。それが人間というものです。

縁が遠いというのは悪いことではない

占っていると、ほんとうに結婚に縁がない、という結果がでる女性もいます。

それでも本人は結婚を望んでいる。

女性が心配そうに聞きます。

「私は結婚できるでしょうか？」

私は占いの結果を少しだけぼかして言います。

「あなたは結婚の縁が薄いと占いではでました。でもね、縁が濃い人が幸せな結婚をできるとは限らないのよ。

もしかしたらあなたは出会いが少ないかもしれないけど、その少ない出会いをひとつひとつ大切にしていくことで、きっといい人と巡り合うことができると思うよ。縁が遠いということは、けっして悪いことではないのよ」

この一言で、多くの女性の目は輝きを取り戻します。

その輝きこそが、私の喜びだと思っているのです。

CASE

4

若いツバメに夢中な老女、まわりが見えない女

若いツバメを飼育する女さん（73歳）

・血圧が少し高い以外は健康な年金生活者
・7つ年上の夫とは10年前に死別。娘は遠方に嫁ぎ、息子は海外勤務
・夫と両親の残してくれた遺産があるので、生活にはゆとりがある
・身のまわりのことは自分でできる。
・同年代の女友達との月に一度の食事会が楽しみ
・近所のカルチャースクールに通ったら年下の友人ができた

一命長くても恋せよ元乙女

少し前のことですが、73歳になる女性がやってきました。相談の内容を聞いてびっくり。その女性には26歳の恋人がいるというのです。

73歳の女性と26歳の若者。どう考えても恋愛関係とは思えません。しかし当人はすっかり恋人だと信じ込んでいるのです。

「彼のことが好きで仕方がないのです。何とかずっと彼と一緒にいたいのですが、私たち2人の行く末を占ってもらえませんか」と。

彼女の顔は真剣そのものです。私は占い以前に彼女に聞きました。

「その男性は本当に恋人なの？」

「ハイ、私はそう思っていますし、彼も私を愛してくれていると信じています」

「普段はどんなデートをしているのですか？」

「食事をして、カラオケで歌って、大抵はそれでおしまいですが」

「彼に何かをプレゼントしたりすることもあるのですか？」

「ハイ、彼が欲しいと言うものは買ってあげます。お小遣いもときには渡します」

これを聞くだけでわかるでしょう。要するに彼にとって彼女は、単なる「金づるのお婆さん」に過ぎないのです。冷静になって考えれば、そんなことは誰にでもわかるでしょう。

しかし、73歳にもなってその女性は、現実がみえていません。いくら「恋は盲目」だと言っても、少々ずれ過ぎているような気がします。

解説

占いに行く前に、鏡に自分を映して見て

占い師をしていると、ときに困った相談を持ちかけられることがあります。

私としては仕事ですから、占ってほしいと言われれば占いますが、それにしても困惑するような依頼が舞い込むことがあります。

「それって、私が占うべきことなの?」と思わず言葉を失ってしまいます。

こんな例は珍しいでしょうが、恋愛感情によって、冷静さを見失っている人は意外なほどに多いのです。

いわゆる不倫関係にある女性もたくさん訪れます。

「彼には奥さんがいますが、いずれ離婚して私と結婚してくれると言ってます」

聞き飽きるくらいの男性のセリフです。そのセリフを真に受けて、

「いつごろ結婚できるでしょうか」

と私のところにやってきます。みていてかわいそうなくらい真剣なのです。

一刻も早く、目を覚ましてください

つい先日もそんな相談を受けました。

「彼が妻と別れるためには慰謝料や養育費が必要だと言うのです。500万円あれば妻と離婚することができると。だから私が貯金から出してあげようと思うのですが、その前に先生の意見が聞きたいと思ってきました」と。

もうこれは占いの範疇《はんちゅう》を超えています。占い以前に、何とか彼女の目を覚ましてあげなくていけない。私はあえて厳しい口調でいいました。

「あなたは騙されているだけです。その男性は本気で離婚することなど考えてい

ないと思うよ。

もしも本気だったら、もしもほんとうにあなたのことを愛しているのなら、自分自身の力で決着をつけているはず。あなたから500万円ももらおうなどとは絶対に考えないものよ。ここであなたがお金を渡してしまったら、それが縁の切れ目になるよ。結婚詐欺すれすれの人ね。はやく目を覚ましなさい」

結局、彼女とその不倫男性の相性など占うことなく、相談料もいただくことなく彼女を帰しました。それはまったく無意味な相性占いだと私が考えたからです。

確かに、彼女は真剣に悩んでいるのでしょう。結婚できるかもしれないという期待と、もしかしたら裏切られるかもしれないという不安。その狭間で、ひとり悩んでいる。

でも、それを相談すべきは占い師ではありません。昔からの幼馴染や、心から信頼できる友だち。あるいは兄弟など、彼女の人となりを知っている人にこそ、相談すべき事柄です。

友人であるがゆえに相談しにくいこともあるかもしれません。まして家族は反対するに決まっている。そこで第三者である占い師のところにやってくる。その気持ちはわからないでもありませんが、しかし占い師のところに来たとしても、何も解決しないことです。

お金さえもらえば、何でも占う。そんな占い師はたくさんいます。頼まれたのだから占うだけ。それは悪いわけではありません。しかし私はそんな占いは断ります。なぜなら、そんな占いは無意味に思えるからです。

たとえ不倫相手との相性が良いという結果がでたとしても、その結果が幸せにつながるとは私には思えません。逆にその結果を伝えることで、2人やまわりの人たちが不幸になることもあり得るでしょう。

私にとっての占いとは、その人たちを少しでも幸せに導くことです。初めからそれができないとわかっているのなら、そこに占う意味を見いだすことはできません。

お客さんには占い師を選ぶ権利があります。しかし占い師のほうにも、占いを断る自由があると思っているのです。

占いようのない人たちへの処方箋

恋する73歳のお婆さん。不倫相手の言葉を信じて騙されかかっている女性。まあこれは極端な例ですが、それ以外にも占いようのない人たちがたくさんやってきます。

とくに最近の若い人で多いのが「私は、何をすればいいのでしょうか」と聞いてくる人たちです。

要するに自分が何をしたいのかがわからない。何かを変えたいとは思いつつも、そのきっかけがつかめない。まして自分自身で決めることもできない。悶々としたなかで、私のところにやってくるのです。

そういう人たちにはひとつの特徴があります。それは、さほど深刻な悩みをもっていないということです。

仕事はそれなりにやっている。充実感はないけれど、かといって辞めたいほどでもない。一応、恋人のような男性もいて、漠然と結婚も考えたりしている。

他の人からみれば満ち足りた人生にも思えますが、本人には充実感や満足感がありません。かといってとくにやりたいこともない。私はいったいどうすればいいのだろうか。誰かに自分のやりたいことを教えてほしいと。

まったく厄介な相談です。

「私は何をすればいいのでしょうか?」と聞いてくる人に向かって私は尋ねます。

「今、あなたにやりたいことはないのですか? 少しでもいいから、やってみたいなと思うようなものはないのですか?」と。

すると大抵の人は、2つや3つの「やってみたいこと」を言います。

「仕事を辞めて、1年くらいかけて世界を回ってみたいんです」

「登山に挑戦したいという気持ちはもっています」

「絵を勉強したいとずっと思っていました」

聞いていると、なかなか夢のあるような話も出てきます。そこで言います。

「やりたいことがあるのなら、まずは行動に移してみてはどうですか。口で言っているだけでは何も始まらないよ。やってみればいいじゃない」と。

当たり前のアドバイスですし、私にはそれ以上のことは言えません。

本当ならば、この一言で相談はお終いです。

「やりたいのなら、やってみればいいじゃない」

私の答えはそれしかありません。

ところが困ったちゃんたちは必ず言い返してきます。

「でも、会社を辞めるわけにはいかないし」

「登山も教えてくれる人がいないし」

「絵の教室が遠くにあるので、なかなか通うことは難しい」

あれこれと「できない理由」をたくさん並べようとします。

やりたいと思っているけどできない。それは自分のせいではなくて、それを阻《はば》んでいるもののせいだと。要するに本気でやりたいと思っていないだけなのです。

「いつか世界を旅行したいな」

「いつか本格的に登山を始めたいな」

「いつか、いつか……」

そう口癖のように言う人がいます。そういう人に「いつか」が訪れることはありません。「いつか、いつか」と言いながら一生を終えることになります。

本当にやりたいと思っている人ならば、誰かに相談する前に行動に移しているものです。

いつか世界旅行をするために、今から準備を始めている。本を買ってきて、情報を集め始めている。すぐに登山に行くことができなくても、その「いつか」のために準備を少しずつ始めている。その日々の準備こそが、自分のやりたいことへの実現につながっていくのです。

「いつか結婚したい」というのも同じです。

その言葉を言っているだけで結婚することなどできません。もしも本気で結婚したいと思っているのなら、まずは行動に移すことです。結婚紹介の会社に登録するのもいい。積極的に出会いの場を求めることも大事です。

休日に家でゴロゴロしているだけで相手などみつかりません。要するに結婚したいといいながらも、何のアクションも起こしていない人は、心から結婚したいと思っていないだけなのです。

CASE
5

自己暗示で病を呼び込んだ男

病んでる男さん（46歳）

・やや神経質だが、基本的には温厚な人柄
・アルバイトをしながらひとり暮らしの生計を立てている
・細身で長身。顔色が悪い
・趣味や友達もこれといって無いが、植物や花を眺めるのが好き
・食べ物や運動には気を配る〝健康オタク〟
・休日は寝て過ごすことが多い

「命の期限」にとらわれ過ぎた代償は

「先生、私の寿命は、あとどれくらいなのでしょうか？」

彼は坐るといきなりそう聞いてきました。

ともかく、彼がどうしてそのような心配をしているのかを知らなければなりません。そこで彼のこれまでの人生を話してもらったのですが、それはまさに占いによる被害者であることがわかったのです。

彼がまだ20代のとき、ひとりの占い師と出会ったそうです。

その占い師にこう言われた。

「あなたは30代で大きな病気になります」と。

この一言が彼の人生を大きく左右してしまうことになったのです。希望に満ち溢れている20代。これから仕事もバリバリやって、いずれは結婚して幸せな家庭を築きたい。ごく普通の夢を彼は抱いていた。

ところがその当たり前の夢が、占い師の一言で色褪せてしまったのです。

「自分は30代で大きな病気になる。そんな自分が結婚などできるはずはない。仕事にしても一生懸命に頑張ったところで、どうせ病気になるのだから出世もできないだろう。どうせ自分はもうすぐ死ぬんだ」

心の中にはいつも病気への恐怖感がありました。

常にそんな恐怖感を抱えているうちに、精神的にもどんどん落ち込んでいきます。仕事への集中力もなくなり、職場の人間関係もうまくいかなくなる。いつも暗い表情をしているのですから、まわりの人間が敬遠するのは当然のことです。

とくに30代の半ばころには仕事でもミスを重ねるようになり、ついにはノイローゼのようになってしまいました。会社も休みがちになり、結局は依願退職という形を取らざるを得なかったと言います。

その後は定職に就くことができずに、その日暮らしの生活が始まりました。

もちろん、結婚などは夢のような話です。何とか自分ひとりが生きていくだけのアルバイトをしながら、ひっそりと社会の片隅で生きてきたのです。

何とかこの人を立ち直らせてあげたい。再起できるきっかけを見つけてあげたい。私はそういう気持ちを込めて彼を占いました。

私が占った結果によれば、彼はとても長寿の星の元に生まれていることがわかった。少なくとも80歳までは生きるという結果がでたのです。

そのことを私は彼に伝えました。

「大丈夫よ。あなたは80歳までは生きるから。あなたが死にたいと思っても、80歳までは死ねないよ。

病気はするかもしれないけど、そうなったら薬を飲めばいいじゃない。第一、50歳や60歳になったら、誰でも病気の1つや2つは抱えるものよ。そんなことをいちいち怖がっていないで、もっと前を向いて生きることですよ」と。

「あなたは80歳まで生きるよ」という私の言葉を聞いた瞬間、彼の表情がさっと明るくなりました。

「ほんとうですか?」と身を乗りだして彼は聞きます。

「ほんとうよ」と私は力強く答えます。彼の目には涙が浮かんでいました。

要するに彼は、30代で大きな病気をする、イコールそれが原因で死んでしまうと信じ込んでいたのです。よくよく聞いてみれば、たしかに30代のときに病気になったと言います。

しかし、それは大したものではなかった。多くの人が思うような病気であったにもかかわらず、彼はそれを死につながる病だと思い込んでいたのです。「病は気から」とはよく言われますが、まさに彼は自分自身で勝手に病を呼び込んでいたのです。

「とにかく手に職をつけなさい」と私はアドバイスをしました。

年齢やキャリアを考えれば、これから会社に就職することは難しいでしょう。また就職したとしても、また自信がなくなってしまう恐れもあります。自分のペースでできるような仕事を見つけることがいちばんだと思ったのです。

自分のペースで仕事ができるのなら、ほんとうに調子が悪いときには休むこともできます。無理をしてまわりの人間と付き合う必要もない。

初めに来たときの表情と、帰るときの表情は明らかに違っていました。

「少しくらいの病気をしても、自分はまだまだ死ぬことはない」

そう思えたことで、彼は再び生きる力を得ることができたのです。そうして、その男性は庭師の勉強をし、今では元気に庭師として働いています。まだまだ若いですから、善きパートナーが見つかることを私は心から願っているのです。

／解説／多くの心配事は思い込みによるもの

「30代で大きな病気をします」

そう言い切った占い師を責めることはしません。それが占いの結果であれば、正直に告げることはかまわない。

しかし、その言葉を言いっ放しにしてはいけないと思うのです。

もしも良くない占いがでたとしても、ただその結果だけを投げつけるのではなく、何らかのアドバイスを添えるべきだと私は思っています。

「あなたは30代で大きな病気にかかると占いにはでています。そのことを胸に仕舞って、暴飲暴食をせずに、健康に気をつけて暮らしてください。

あなたが健康に気をつけさえすれば、その病はとても軽いもので済むはずです。怖がる必要はありません。その病を重くするのも軽くするのもあなた次第ですよ」

私ならばそう言うと思います。

そしてその人が健康に気を配った結果、30代にもまったく病気をすることがなかった。すると、その人は言うでしょう。

「先生は30代で病気をすると言いましたが、当たりませんでしたね」と。

まるで私の占いが外れたかのように。そんなときに私は言います。

「当たらなくて良かったじゃない。占いが当たらなかったのは、あなたが努力をしたおかげよ。私も占いが当たらなくて良かったと思うわ」

占いが外れて病気になることはなかった。そんな嬉しいことはないと思います。

しかしなかには、当たることがすべてのように勘違いしている占い師もいます。占いが当たって、その人が30代で深刻な病に侵された。それを知って、「やっぱり私の占いは当たるでしょ」と自慢げに言ったりする。それは私の考えている占い師ではありません。

占い師の仕事はただ当てるだけではなく、人生が少しでも良くなるようなアドバイスをすること。良いほうに占いが外れることは喜ぶべきだと思っています。

自分は病気に罹ったりするのだろうか。自分は何歳まで生きられるのだろうか。人間は、本能的にそれを知りたいと思っています。病気や死への恐れがあるからこそ、どうしてもそこに興味が行ってしまう。

信じる信じないは別にして、自分の未来に対する不安感は誰にでもあるものです。だからこそ、この占いに関しては私たち占い師は細心の注意を払わなければならないと思っています。

占いは「神様のお告げ」ではない

ある女性の方がいらして、健康運を占ってほしいと言うのです。両親を病気で亡くされていますので、自分ももしかしたら同じ病に罹るかもしれない。そんな不安をいだいていたのです。

私は四柱推命を使ってその女性の健康を占いました。少し迷うようなところがあって、私はつい「うーん」と口にしてしまったのです。別に悪い結果がでたから「うーん」と言ったわけではありません。ただ単に難しかったからだけです。

その私の言葉と表情に、その女性はすぐさま反応しました。

「先生、やっぱり私も病気になるのでしょうか？」と迫ります。

「いやいや、そんなことではないのですよ」

私は慌てて悪い結果ではないと否定しました。

それでも彼女は納得しません。

「先生、隠さなくてもいいです。本当のことを言ってください。私は長くは生きられないのでしょうか？」

私が否定すればするほど彼女の不安は高まってきました。

この経験は私にいろんなことを教えてくれました。

私を信頼してやってくる人たち。占いというものを心から信じている人たち。そういう人を前にするとき、けっして思わせぶりな表情をしてはいけない。彼ら彼女たちは、まさに私の一挙手一投足に神経を注いでいる。いつもそれを感じていなければならない。とても反省させられた経験でした。


そして、今ひとつ頭に置いておいて欲しいことがあります。それは、占い師といえども、その人の人生のすべてがわかることなどない、ということです。当たり前のことですが、なかには「先生ならばすべてお見通しでしょ」と思い込んでいる人もいます。信頼してくれるのはありがたいですが、私は神様でも何でもありません。私がおこなっているのは、あくまでも積み重ねてきた理論に基づくもの。それは神様の「お告げ」などでは、けっしてないのです。

確かに占いによると、その人の人生は80年と設定されるとします。しかし、だからといって暴飲暴食を繰り返したり、自堕落な生活をしていれば、その80年は全うすることはできません。

反対に50年という人生が設定されていたとしても、自身の身体を慈しみながら規則正しい生き方をしていれば、その年数は60年にも70年にもなるものです。

大切なことは、占いの結果をいかに受け止めて、それをその後の人生に、どう生かすかということ。占い師のたった一言に縛られることで、せっかくの人生を台無しにしてしまうことのないようにしてほしい。

住宅街などを歩いているとき、ときおり庭師が仕事をしている光景を見かけます。そのたびにふと私は思います。

「あの男性は元気に仕事をしているだろうか」と。80年という彼に与えられた人生を、素晴らしいものにしてほしいと心から願っています。

CASE

6

社運を占いにささげた経営者

占いに依存する社長さん（41歳）

・都内のマンションに妻と小学2年生の娘の3人暮らし
・Web構築システムに関するIT会社の社長（6年目）
・業績は良好。悩みは、営業力の強化と自分の優柔不断さ
・ちょっと太って来たのを気にして、ジム通いを始めた
・愛妻家。娘との関係も良い理想的なマイホームパパ
・若い社員からは兄貴分として慕われている

考えることをすべて放棄した結果…

今から数年前のことでしょうか。ある女性が私のところに訪れるようになりました。彼女のご主人はＩＴ関係の会社を立ち上げて、なかなかの成功を収めているということでした。彼女は私のことを信頼してくれていましたので、ぜひ主人に紹介したいというのです。

ご主人も風水などに理解のある方で、さっそく顧問契約をお願いしたいと頼まれたのです。私としては奥様のことも知っていますから、断る理由はありません。ありがたくその話を引き受けることにしたのです。

社員の数は当時20人ほど。伸び盛りの会社ですから、これからも社員を増やしていきたいと社長は考えていました。そこで社員の募集をすると、毎回のように多くの人が応募してきます。あっという間に履歴書が山積みになります。

するとその社長は、自分で履歴書に目を通すことなく、すべてを私のところに送ってきました。そしてこう言います。

「この中から2人ほど採用したいと思っています。運気の良い人を2人、占いで選んでくれませんか」と。

たくさんの応募者のなかから、社長自らが数名に絞り、そのなかから決め切れずに私に相談するのならわかります。しかし彼は、すべて私の占いに頼ろうとしたのです。

顧問としての仕事ですから占いましたが、私には違和感がありました。それは1回だけのことではなく、1年に何度も私が採用者を占うことになりました。たしかに忙しい中で、たくさんの履歴書に目を通すことは大変でしょう。しかし、それこそが経営者の役割ではないかと私は思いました。

実際に私もいろんな店の経営者として、たくさんの人の面接を行ってきました。なかには明らかに運気が良くないという人もいます。

しかし、たとえ運気が良くなくとも、仕事に対する熱意は十分に持ち合わせている。そんなときに私は迷わずに、やる気のある人を採用したものです。

必死になって仕事と向き合っていくことで、悪かった運気も必ず良くなっていく。反対に、良い運気を持っていたとしても、仕事に対する熱意がなければいい仕事などできるはずはありません。

私は、その社長の占いに頼りすぎる姿勢に疑問を感じていたのです。

彼は私の占い結果だけをみて採用を決めました。採用した社員が、どのような性格なのか、どのような仕事をやりたいと思っているのか。あるいはどんな夢をもって、この会社に応募してきたのか。そんなことはいっさい知らないままに、ただただ占いだけで採用と不採用を決めていました。

そんな姿勢で、社員とのコミュニケーションが取れるはずもありません。

極端な話をすれば、社員をひとりの人間として見ていないのですから、社員のほうも心から社長を信頼できない。苦しいことがあっても、この社長に付いていこうという社員もいません。

すると、社員のほうもやりがいを感じることができずに、次々と会社を去っていきます。社員が去っていけば、また募集をかけて集めようとする。それも採用はすべて私任せ。この状態だけを見ても、会社がうまくいくはずはないでしょう。

ときにはリストラの相談をされたこともありました。

「辞めさせたい人間がいるんだけど、自分がクビにして恨まれるのは嫌だから、先生が何とかしてくれませんか」と。

実は風水によって辞めさせる方向にもっていくことができるのです。辞めさせたい人間の机の配置を変えるだけで、その人は居づらくなってくる。身体に変調をきたしたり、仕事にやる気がでなかったり、あるいは失敗ばかりをするようになる。会社の中で「凶」の方向を向かせるだけで、自然と辞める方向にもっていくこともできるのです。

風水をこのような形で使いたくはないのですが、現実にはできることなのです。

顧問契約をした私を頼りにしてくれることは嬉しいことです。私も微力ながら力になりたいと思います。それでも占いには限界があって当たり前。確かに生年月日によってその人の運勢や社長との相性は導きだされます。

しかしそこにはその人の仕事にかける思いや意気込みなどは見えません。それは占いでわかるものではないのです。その社員ひとりひとりの心を理解してこその経営者だと私は思っています。

つまりその社長は、面倒なことをすべて放棄しているのだと思います。誰かを採用したり、誰かをクビにしたり、そんな面倒くさいことをやりたくない。自分が責任を負いたくない。そんな気持ちが占いへの丸投げになっているのだと思うのです。

その会社の顧問は4年間やりましたが、最終的には私のほうから契約を解除させていただきました。

占い師のほうから顧問契約の解除を申し出ることなど滅多にありません。余計なことを考えずに、ただ要望された占いだけをしていればお金をいただけるのですから、割り切って考えればいい。そんな考え方もわかります。

でも私は、割り切ることができませんでした。それはきっと、私自身も経営者として苦労をしてきた経験があったからだと思います。

縁があったのですから、何とかその会社がいい方向に行ってほしい。それを願うばかりに、社長は一度占いから離れたほうがいいと判断したからです。

私が顧問契約を解除した後、新たな占い師を見つけたかどうかは知りません。ただ風の便りに、その会社が倒産したことだけが私の耳に入ってきました。

解説

行き過ぎた優柔不断が招いた悲劇

占い師をやっていると、ときに会社の顧問として契約を依頼されることがあります。会社で何かの問題が起きたときや、あるいは社屋の引っ越しをするときなど、事あるごとに占いをする。経営者の相談役とも言えるでしょう。

これは占い師としてはありがたいことです。毎月決まった額のお金が入ってくるわけですから、それは経済的には助かります。

数年もお付き合いをしていれば、その経営者の人となりもわかりますし、互いの信頼関係もできてくる。長年にわたってお付き合いできるような、良い関係を築くことができるのです。

この社長の話を聞くと、何て愚かな人だと思う人もいるでしょう。でも、事の大きさは違えども、同じように占いに頼りすぎる人たちがいるのも事実なのです。たとえば、風水を信じて実践している人はたくさんいるでしょう。ある専業主婦の女性が私に言ったことがあります。

「私はもっとお金を貯めたいんです。そこで有名な風水師の先生を訪ねると、西の窓に黄色の置物を置きなさいと言われました。

そこで高いお金を払って置物を買ったのですが、それから1年してもちっともお金は貯まりません。風水っていい加減なものですね」と。

お金を貯める方法は2つしかありません。

ひとつは今以上に働いて稼ぐこと。もうひとつは、今以上にお金を無駄遣いしないこと。この2つだけなのです。

お金が貯まらないと文句を言っている女性。その女性の生活ぶりを聞くと、相変わらず働くこともせずに、毎日のように高価なランチを楽しんでいる。洋服も欲しいと思ったらすぐにカードで買っている。

そんな生活を続けながらお金が貯まると思いますか。仕事もせずに贅沢をしながらお金が貯まる。そんな置物があるのなら私が欲しいくらいです。

風水というものは、そういうものではありません。

西の窓に置物を置くことで、自らの心も一新するということです。

空き時間があるのならパートタイムにでてみる。無駄遣いをすることなく、自らお金に対する意識を変えていく。そんな心がけがあればこそ、良い「気」が家の中に流れてくるのです。

この女性もまた、件の社長と同じだと私は思います。

自分自身が何の努力をすることなく、面倒くさいことはすべて占いに委ねてしまう。これは占いを信じているというより、苦しいことや嫌なことから逃げているだけなのです。

大事なのは「依存しすぎない」こと

私も風水を学んできました。「気」の大切さは十分にわかっています。

私のところにも、自分の家を風水で占ってほしいという依頼が多く来ます。

もちろん占うことはやぶさかではありません。それが私の仕事なのですから、依頼されればご自宅に伺って占います。

しかし私は、占いを引き受ける前に必ず相手に言います。

「もちろんあなたのご自宅に伺って占うことはできますよ。でも、そうなると出張料金なども含めて10万円いただくことになります。私に10万円支払うのなら、その10万円を使って風水を学び、ご自身で占ったほうがいいと思いますよ」と。

別に引き受けることが嫌で言っているわけではありません。私とすれば10万円入ってくるほうがいいのですから。

でも、その家を大切に思う気持ちは、絶対にその人には勝てないものです。この家を良くしたい。その願いはどんなに私が真剣に占ったとしても、その人に勝てるはずはないのです。要するにエネルギーが違う。

やはりより強いエネルギーで占うことで、きっと結果も良くなってくる。私はそう考えているからこそ、まずは自分自身で勉強することを勧めているのです。

占いを信じることは悪いことではありません。私を頼りにしてくれるのもありがたいことです。でも、そこに心を依存しすぎてはいけないのです。

自分自身で考えることを止めて、ただ占い師に頼りすぎることは、すなわち自分自身の力で生きていないことと同じです。お金さえ払えば何らかの答えを得ることができる。それは便利なことでしょう。しかしその安易な選択によって、大切なものを見失うことにもなりかねません。

あなたの人生をコントロールし、歩いているのはあなた自身です。占い師は、そのあなたに、そっと寄り添うだけの存在だと思います。

占い師にコントロールされるような人生は、けっして歩んではならないと私は思っています。

顔相でわかる金運

顔はあなた自身を映し出す鏡です。顔を見るだけで
あなたの運勢や性格を知ることができます。

ゴールデンラインは金運向上の重要なポイントです。

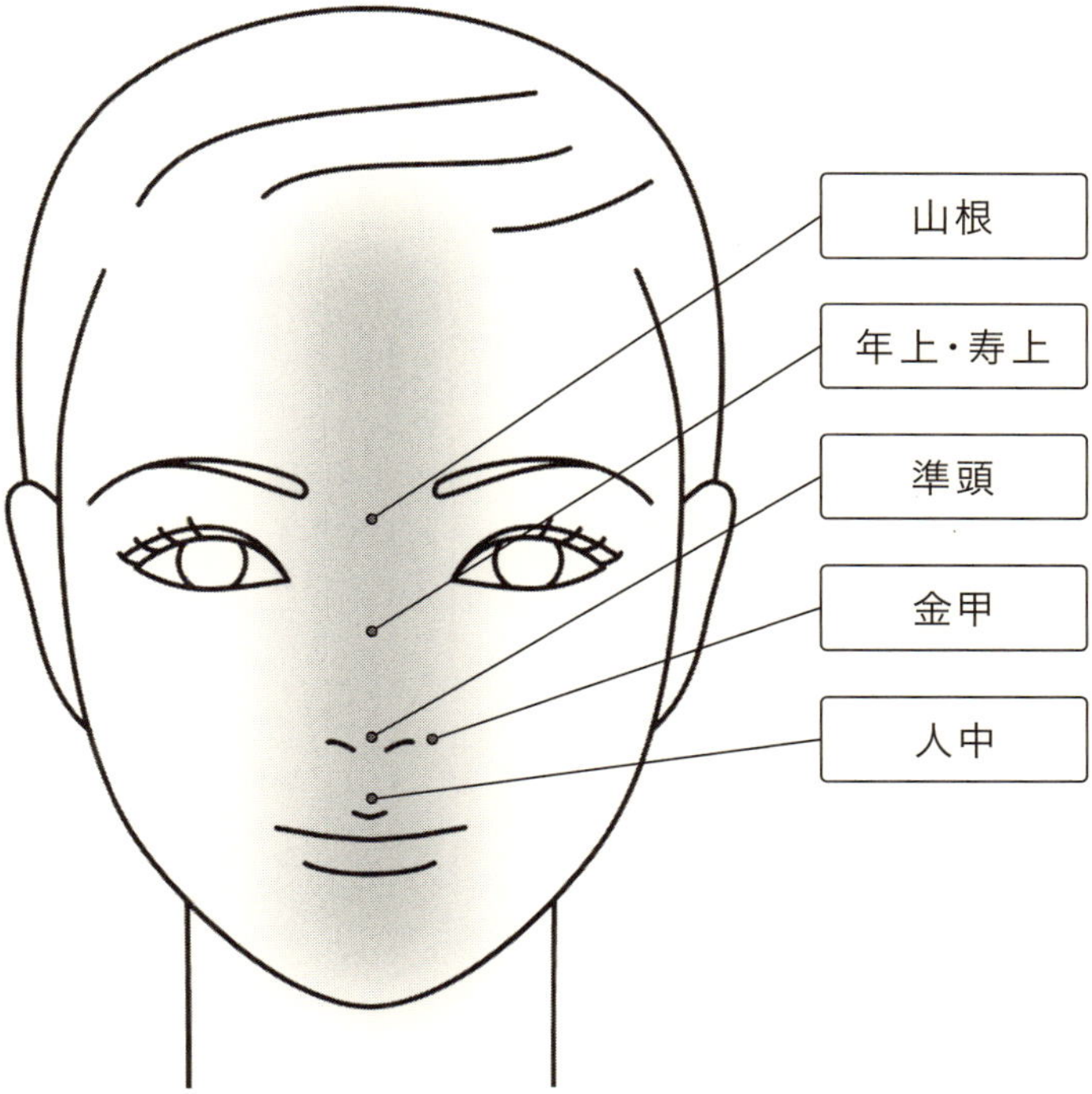

パーツ	特徴	アドバイス
額	艶のある広い額は仕事でお金を得る能力に長けています。	額を出しましょう。ハイライトで輝きを持たせましょう!
眉間	眉間が広すぎるのは金銭感覚が大雑把です。目と目の幅と同じくらいが良いでしょう。	眉を揃え適度な広さに整えましょう!
鼻（山根）	山根が低い人はお金に対する執着がありません。いまあるお金の中でどうにかしようと考えるタイプです。反対に山根が高い人はお金に対する執着心が強い人です。	鼻（山根・鼻筋・鼻頭）にかけてハイライトで輝きを持たせましょう! 金甲（小鼻）は洗顔をして毛穴の黒ずみが目立たないようにしましょう! ホクロや傷は禁物です。ファウンデーションでカバーしましょう!
鼻（鼻筋）	鼻筋が真っすぐの人は安定した金運です。反対に鼻筋が曲がっている人は金運に浮き沈みが激しく、金運の良い時と悪い時の差が激しくなります。	
鼻（鼻頭）	肉付きがよく丸みのある大きな鼻はたくさんのお金が入ってきます。	
鼻（金甲）	お金を貯める袋である金甲は肉付きがよく、大きく膨らんでいればいるほどたくさんのお金を蓄財できるでしょう。反対に金甲の肉付きが悪く、小さく膨らみがない人はなかなか思うようにお金が貯まりません。	
鼻（穴）	鼻の穴が大きい人はお金を動かすのが上手です。たくさんお金を稼ぐ力を持っていますが使う時も豪快に使います。反対に鼻の穴が小さい人はあまりお金を動かしません。したがってケチと思われることもあります。鼻の穴が見える人はいわゆる浪費家です。反対に鼻の穴が見えづらい人はよく考えてからお金を使います。	
人中	長くハッキリしていている人中の人はお金の流れがスムーズです。日常の生活に困ることはありません。反対に人中に傷やホクロのある人は金銭に問題を抱える傾向があります。 人中が唇のほうに末広がりになっている人は中年以降特にお金に困ることはありません。	産毛の処理をしましょう!
口	口はパワー・生活力の表れる場所です。口は閉じている時はキリッと締まっていて開けた時は大きいのが良いとされます。締まりのある口の人は金銭感覚もしっかりしています。	輪郭は紅筆を使ってハッキリと口角は上げて描きましょう!　口紅は艶のある綺麗な色を選びましょう!
口角	キュッと上向きに締まった口角の人は無駄遣いをしない倹約家です。締まりが悪かったり下向きの口角の人は金銭にルーズです。	
歯	歯並びがよく綺麗な歯の人はお金を綺麗に使う人です。自分のためや他人のために有効なお金の使い方をします。反対に歯並びが悪かったり汚い歯の人は悪事にお金を使ったりギャンブルや無駄な事にお金を使います。歯の無い人はお金が貯まらず借金を繰り返す傾向があります。	歯磨きで清潔にしましょう!　虫歯や抜けた歯は早めに治療を!
顎	汚れや傷のない顎の人は金払いがいいと言われています。金銭トラブルにも無縁でお金を上手に使える人です。	吹き出物などがないよう綺麗に洗顔しましょう!　ハイライトで明るくしましょう!

第2章

占いで幸せになれる
女《ひと》たちが
知っていること

「四柱推命」で宿命を知ることの意味

四柱推命という占いは、生まれた生年月日時をもとにして占います。これは誰もが知っていることでしょうが、ではどうして生年月日時で占うのでしょうか。この問いに答えられる占い師はほとんどいません。四柱推命とはそういうものです、というのがせいぜいの答えではないでしょうか。

なぜ四柱推命では生年月日時で占うのか。それを説明しておきたいと思います。

私たち人間は、目にはみえない「気」というものに囲まれて生きています。それは人間を包み込んでいるエネルギーです。

「気」というものの存在は何となく知っているものの、実際にみえるものではありませんから、何だか怪しげなものとして捉える人もいるかもしれません。

しかし、この私たちを包んでいる「気」こそが、実はそれぞれの人間の運勢に大きな影響を与えているのです。

赤ん坊がこの世に生まれてくる。お母さんのお腹のなかから出て、まったく新しい世界へと飛び出してきます。そして、生まれて初めて息を吸い込み、第一声をあげます。

この生まれて初めて吸う空気のことを「保気《ほき》」と言います。この「保気」こそが、その赤ん坊の運勢を決定づけているわけです。

「気」は常に流れ続けています。生まれる時間が数分違うだけで、そこに流れている「保気」もまた違ってきます。あるいは、生まれる場所によっても、そこに流れているエネルギーはまったく別のものになるでしょう。

生まれて初めて吸う「保気」が、もともともっているDNAと、まるでルービックキューブがかちゃかちゃと嵌《はま》るように合体していく。そんなイメージになるでしょう。そして、もしもこの「保気」とDNAが上手く嵌らなければ、そこで少しの不具合が生じることになります。

たとえば、うまく嵌らないことによって、ぜんそくなどの病を抱えることになったりする。あるいは身体に障がいが現れる場合もあります。

つまりは生まれた瞬間に、私たちは健康だとか病弱だとかという宿命が与えられることになる。それは誰のせいでもなく、まさにその人の宿命というものなのです。

もちろん、これに科学的な根拠はありません。しかし、四柱推命の世界では、数百年にもわたって、そう信じられてきたのです。これを信じるか否かはあなた次第です。私はこの考え方を押し付けるつもりは毛頭ありません。

ただ、この宿命を信じることで、心が救われることもあるのです。

ときにお子さんが障がいをもつ母親が相談にくることがあります。障がいばかりではなく、病弱な我が子を心配してやってくる母親がいます。

その母親たちは口をそろえるように言います。

「この子が、こんなふうに生まれてきたのは、すべて私のせいでしょうか」と。

自分のどこかが悪かったせいで、子供が病弱に生まれてきてしまった。

親としてのその思いは私もよくわかります。まして明確な原因などがわからなければ、我が子の生涯を母親である自分の責任だと感じてしまう。それはとても苦しいことでしょう。

そういう母親に私は、この「保気」の話をします。初めのルービックキューブがうまく嵌らなかっただけ。そして、それがこの子の背負っている「宿命」です。それは母親のせいでもなく、受け入れざるを得ない宿命なんだと。

人はそれぞれに宿命を抱えて生まれてきます。その宿命を恨んだところで何も変わりません。恨むのではなく、受け入れること。ただただ、あなたはお子さんを心から受け入れてあげてください。

私がそう言うと、お母さんたちはほっと肩の荷を下ろしたような表情をします。ほんの少し心が救われた瞬間です。

人間には変えられない宿命がある

さて四柱推命の話に戻りますが、私たちの宿命を教えてくれるのが、この占いです。書きましたように、「四柱」というのは、「年」「月」「日」「時間」の4つを表わしています。この4つの柱をもとにして占うわけです。

したがって、四柱推命が生まれた中国では、昔から赤ん坊が生まれた時間まではっきりと記録する習慣がありました。生まれた時間を正確に知ることで、四柱推命の占いができるからです。

ところが日本では、生まれた年月日はわかっていても、正確な時間まで記されることはありませんでした。私たちの時代では、だいたい昼ごろ生まれた。朝早く生まれたかなと、とても曖昧《あいまい》なものでした。

今では病院などで出産すれば、正確な時間が記録されていますが。それでもまだ曖昧なところがあると思います。正確に何時何分という時間まで気にしていません。看護師さんが記録するのでしょうが、それほど神経質に生まれた時間を記録することなどありません。

これでは四柱推命の占いを正確にすることはできません。しかし私は、それもまた良いことなのではないかと思っているのです。

「年」「月」「日」「時間」を使って占えば、かなり正確な宿命を知ることができます。しかし、そのなかの「時間」が曖昧になれば、占いの確率は75％になります。要するに、わからないことが25％残されているということです。

もしも良くない宿命を抱えていると占いにでたとしても、それは75％の確率に過ぎません。もしかしたら、残りの25％のなかに良い宿命が宿っているかもしれない。そのように考えることもできるのです。

つまりは、「時間」が不正確なことによって、逃げ道が残されることになる。それはそれでいいことだと私は思うのです。

占いというものには、心の逃げ道が必要だと私は考えています。たとえば占いによって、50歳まで生きられないという結果がでることもあります。

しかし、その結果をただ伝えるだけではいけない。そんなことをすれば、それこそその人は「死」に向かって歩き始めることになります。

占いの結果を曖昧にしたり、悪いことは伝えなかったり。相手のためを思ってそうする占い師もいますが、私はそれもまた違うと思っています。

あくまでも占いの結果は正確に伝えるのが私の誠意です。しかし、それだけで放り出すのではなく、必ず心の逃げ道をつくってあげる。

「四柱推命であなたの宿命を占ったら、あなたは大きな病に侵されるとでています。でも、あなたの生まれた時間が曖昧ですから、この占いは75％しかいい当てていません。

残りの25％があなたの宿命を変えてくれることも往々にしてあります。だから、100％病気になるというわけではありません。正しい日常生活を送っていれば、きっと残りの25％があなたを救ってくれますよ」

このように逃げ道を残してあげることです。逃げ場を塞いで、その人を追い詰めるようなことをしてはいけない。

また、そんなことをするような占い師は信じないことです。

宿命と向き合えば、運命が変わる！

さらに付け加えていうならば、四柱推命でわかる宿命とは、けっして変えることのできないものです。

どんな時代に生まれ、どこの国に生まれ、どのような両親のもとで育っていくのか。男性として生まれるのか、女性として生まれるのか。大柄な身体をもって生まれるのか、それともひ弱な身体で生まれるのか。その宿命は、自分の力や努力では変えることはできません。一生背負っていかなければならないものです。

ところが宿命とは別に、私たちは運命というものを持っています。この運命というのは、自分自身の意思や努力によって変えることができます。

どんな仕事に就くのか。どんな人と結婚するのか。どんな生き方を選んでいくのか。何かに導かれるように感じることもあるでしょうが、実は、どこかで自分自身が選択しています。

「運命を感じてこの人と結婚した」という言い方をしますが、やはりその人を選んだのはあなたの意思なのです。どのような理由があろうが、その結婚はあなたの意思による運命なのです。

つまり、宿命は変えることはできなくても、運命は自分自身の力で変えていくことができる。そして、この「宿命」と「運命」を足して2で割ったものが、「運勢」ということになるのです。

人生は迷いに溢れています。自分の歩むべき道がわからなくなることもあります。大きな壁に突き当たったり、何をしてもうまくいかないときもあるでしょう。そんなときにこそ、四柱推命で自分の宿命を知ることだと思います。

自分がどのような宿命を抱えて生まれてきたのか。そして、それが運命とどのように絡み合っているのか。その絡み合う運命は、どうすれば変えることができるのか。

運命を変えようとしても、うまくいく時期とうまくいかない時期があります。何をしてもダメなときもある。それもまた、あなたが抱えている宿命のなせる業《わざ》なのです。

その宿命を知ることによって、運命を変える時期も自然にわかってきます。どのように変えればいいのかもわかってきます。

まずは自身の宿命を知り、それと真正面から向き合うこと。そのきっかけを与えるのが、私の役割だと思っているのです。

ちょっとした悩みがあります。とくに恋愛などの悩みは、日々に現れてきます。

「あの人のことが好きなのだけど、いま告白したほうがいいのか。それともまだ告白しないほうがいいのか」

そのような悩みであれば、時間をかけて四柱推命などやる必要はありません。白か黒かなどの単純な占いであれば、それこそタロット占いや、あるいは易者にみてもらう程度で十分です。

人生の転機や大きな運勢。それらを見るときには四柱推命。白黒や丁半を占ってほしければタロットや易。そして健康状態などを見てもらうときには手相や顔《がん》相《そう》。ざっくりと言えば、そういうことになると思います。

そのときどきにおいて、抱える悩みの深さや大きさによって、いろんな占いを利用することです。

そしてあくまでも、それらの占いはけっして「お告げ」でも何でもありません。あなた自身が、自分の力で運命を切り開くためのヒントに過ぎないのです。

「顔相《がんそう》」でわかる性格や人となり

皆さんは「顔相《がんそう》」という言葉を聞いたことがあるでしょうか。これは字のごとく「顔に表れる相」のことです。日常的によく使われている言葉に「人相《にんそう》」というものがあります。「あの人は人相が悪い」などと使われる言葉です。

しかし、この「人相」と「顔相」は、また別のものなのです。

「人相」というのは、その人の全体から判断する相のこと。顔だけでなく、表情や立ち居振る舞い、あるいは着ている洋服など総合的にみるもの。

「あの人は人相が悪い」というときには、その人の顔だけをみて感じているのではありません。その人の態度や言葉遣い、服装などをひっくるめて言っているわけです。

一方の「顔相」とは、まさに顔だけをみて占うもの。この「顔相」の研究は、古くからなされています。

そしてその「顔相」の第一人者と言われるのが藤木相元《そうげん》先生です。多数の著書を出版し、テレビなどにも頻繁にでていた方ですので、ご存知の人も多いと思います。私などから見れば、まさに雲の上の人です。

その藤木先生はこう言っています。

「顔の出来上がりは10歳くらいまでに決まるのだ」と。

母親のお腹の中にいるときにも、赤ん坊は外の世界で起きていることを振動などで感じている。まだ耳は聞こえていないけれど、母親のお腹の振動を通して理解していると。

たとえば、お腹にいるときに夫婦喧嘩ばかりしている。また、望んだ子供ではない。そんな状況で生まれた子供は、自然と目がつり上がってきます。

幼いころに寂しい思いばかりをしてきた子供は、目頭が下がってきます。それは涙が落ちやすいように顔が形成されていくからです。

もちろん全体的には両親に似た顔になるでしょう。しかしたとえ形は似ていても、顔相は幼いころの経験によって変わってきます。そのことを親は心しておくことだと藤木先生はおっしゃっているのです。

自分の顔からわかること

さて、具体的な顔相について少し紹介しておきます。

まずは鼻です。鼻というのは顔相学においては健康と財運をみるところです。いちばんわかりやすいのは、鼻が長い人というのは長生きだと言われています。反対に鼻が短い人は短命の人が多い。

人間は、息を吸ったときに、その空気を肺に送り込みます。肺に到達する前に温度調節をし、また細菌などを鼻でろ過するようにできています。

鼻が長い人は、吸った空気が肺に到達するまでの時間が長い。十分に温度調節をしてから送り込むことができる。

一方で、鼻の短い人は十分な調節をしないままに灰に空気を送り込んでいます。冷たい空気を肺に送り込むことで、風邪なども引きやすくなってきます。細菌なども体内に入りやすくなってくる。その積み重ねによって、健康状態に悪影響がでてくるとされているのです。

おでこにもその人の性質が現れます。よく「猫の額」という言い方をしますが、おでこがとても狭い人がいます。こういう人は、考えることをしないで幼少期を過ごしてきた人です。

考えるというのは、何も勉強のことだけではありません。たとえば、母親が1から10まで世話をしてくれる。自分は何も考えなくても、すべて母親が与えてくれる。このような幼少期を送れば、自分で考えるということをしなくなります。

考えるという作業は、脳の前頭葉で為されています。つまりは「おでこ」です。この前頭葉が常に活発に働いていると、自然とおでこの温度は上がってきます。そして頭髪が生えにくくなってくる。つまりはおでこが広くなっていくわけです。

かつて日本が貧しかった時代は、幼い子供でもいろんなことを考えて暮らしていました。兄弟もたくさんいましたから、そのなかでいかに振る舞うかも考えていた。少しでもたくさん食べるのはどうすればいいかも考えていた。

ぼーっとしていたらおいていかれます。生きるということは、すなわち考えるということだったのです。だから一昔の日本人はおでこが広かった。頭髪が剥げているとかそういうことではなく、顔相のなかにある種の聡明さが現れていたのだと思います。

少し話がずれましたが、やはり幼少のときから考える習慣をつけることは大切なことだと思います。


耳にもその人の性格がよく現れます。ざっくりと言えば、耳が上についている人は過激な人が多い。下のほうについている人には人格者が多いとされています。

耳が上のほうについて、さらには尖《と》がった形をしている。まさにそれは野生動物の耳です。こういう耳をもった人は攻撃的でトラブルになることが多い。常に相手に対して闘争心をもっているのですから、人間関係でもぶつかることが多いとされています。

耳が下のほうについて、しかも大きく豊かな耳たぶをもっている。こういう人は生まれながらの人格者です。芸能人でいうなら石坂浩二さんの耳です。

石坂さんとはお目にかかったことはありませんが、石坂さんという人は心が温かく周囲の人から慕われる人格者であることは、顔相をみれば一目瞭然です。

このように顔相とはとても深いもので、その人の顔をみれば、ある程度の性格や人となりはわかるものなのです。ただし、10歳までに形作られた顔相が、一生そのままであるとは限りません。その後の生き方によって顔相はどんどん変化していくものです。

耳が上のほうについていて、しかも尖っている。性格は攻撃的で他人とぶつかり合う。そんな自分の性格を反省し、何とか自分の性格を変える努力をしようとする。その努力の積み重ねによって、性格が丸くなっていくこともあります。

耳の位置は変わりません。尖った耳の形が変わることはありません。しかし、その尖った耳を補うように、耳たぶがふっくらと豊かになっていきます。人格者の耳に近づいていくのです。

顔相に関する書物はあります。その書物をみて、自分の顔相をみてください。もしもマイナスになりうる要素を自分の顔の中に見つけたなら、そうならないような努力をすることです。その努力によって、顔つきは変わっていくものです。

／良い運が運ばれてくるいちばん簡単な方法

「顔相学」の第一人者である藤木相元先生。その藤木先生との出会いによって、私は顔相学を深めるきっかけになりました。

藤木先生との出会いは２０１２年です。新宿の鳥鍋料理屋さんで、藤木先生を囲む会が開かれました。その会に私の知り合いの女性が参加することになり、「ソフィア先生もご一緒にいかがですか」と誘われたのがきっかけです。

先生が他界されたのはそれから2年後の２０１４年5月のこと。たった2年間ではありましたが、先生からはいろんなことを教えてもらいました。

そして、「君が藤木相元を名乗ってもいい」と言われたほどです。

その言葉は私にとっては光栄なことでしたが、様々な事情があり、私は継ぐことをしませんでした。しかし、名前こそは継ぎませんでしたけど、大切な言葉を継ぐことになったのです。

その言葉こそが「笑運《しょううん》」というものです。

私は先生に聞いたことがありました。

「先生はどうして私にいろんなことを教えてくださるのですか。もっと優秀な生徒はたくさんいると思いますけど」

すると先生はおおらかに笑って答えました。

「君は笑顔がいい。嘘をつかない笑顔をしている。だから私は君に教えているんだ」と。先生は続けました。

「運を引き寄せるためにいちばん良い方法は笑顔でいることだ。たとえ運のない顔相をしていたとしても、笑顔があればそれをカバーしてくれる。

笑顔ひとつで顔相も変わるし、運もまた変わってくる。だから私は、笑運というものを大切にしてきたんだ」

まさにおっしゃる通りだと思いました。笑顔でいることは大切だよ。そんなことは言われ続けています。そして誰もが笑顔の素晴らしさは知っているはずです。

しかし、なかなか笑顔を実行している人は少ない。

相手に向かってにこっと笑顔を見せる。それは相手にこびているわけでもなく、相手に気を使っているわけでもありません。その笑顔は、自分自身の心に向かっているのだと私は思っています。

いつも笑顔を心がけることで、自身の気持ちが必ず和らいできます。嫌なことや悩みがあっても、自分自身の笑顔がそれを慰《なぐさ》めてくれます。そして、その柔らかな笑顔こそが、良い運を運んできてくれる。先生は生涯をかけて、そのことを伝え続けてきたのです。

顔相究極の開運法は「笑顔」でいること

そして「笑運」ともうひとつ、先生からいただいた言葉があります。

それは「脳相《のうそう》」というものです。

「顔を変えることによって、考え方も変わってくる。その考え方がまた、自らの顔相を変えることにもつながっていく。

そして考え方を変える部分は脳にほかならない。とすれば、顔相というものがあるように、脳相も存在していると私は考えているんだ」

この「脳相」という言葉は、これまでにはない言葉です。まったく新しい概念かもしれません。この言葉によって、顔相学もまた新たな進展を見るような気がしたのです。

まだまだこれからの勉強になりますが、とにかく私は、藤木先生から「笑運」と「脳相」という2つの言葉をいただきました。これは、私が商標登録をしているものです。

昔から研究がなされてきた「顔相学」。それはとても不思議なものです。100%言い当てているとは言えないけれど、真っ向から否定することもできません。科学的な根拠などなくても、そこには人間としての勘みたいなものがあります。

「何となくあの人とは合わないような気がする」

「なぜだかあの人のことは好きになれない」

その気持ちを説明することはできないけれど、それが正直な気持ちなのです。そんな動物としての感性を人間はもっているのです。

自分の顔をよくみることだと思います。

私も落ち込んだり悩んだりすることはしょっちゅうです。他人の相談事を受けながら、自分自身が悩みを抱えていたりする。

そんなときには鏡の前に立って、にこっと笑顔をつくります。

けっして絶世の美女とは言えませんが、それでも藤木先生が褒めてくれた私の笑顔が鏡の中に映っている。自分自身に語りかけるその笑顔を見るとき、私はまた前を向くことができるのです。

「笑う門には福来る」

ほんとうに昔の人はよく言ったものです。

暮らしを整える「風水」の正しい知識

占いにもブームというのがあります。

タロット占いが流行した時代もありましたし、それ以前に流行っていた手相占いが、最近ではまたブームになりかけています。そういう意味で、今のブームと言えば、やはり風水になるのではないでしょうか。

この風水ですが、日本に入ってきたのは25年くらい前。占いの中ではかなり新しい部類に入ります。新しく入ってきた占いですから、まだまだ本格的に勉強している占い師は少ない。それでも風水の本を出せば売れますから、なかには怪しげなものもあります。

とくに家を建てるときなどに風水を気にする人が増えています。それまでは、「家相」というものがありました。風水が入ってくる以前は、この「家相」をみてもらうことが主流でした。

では「家相」と「風水」はどう違うのか。

簡単に言えば、「家相」というのはあくまでも家そのものの運気みたいなものです。どの土地にどのような向きで家を建てるか。家に特化していますから、そこに暮らす人の運気まで占うことはしません。

一方の「風水」は、家とそこに暮らす人をひっくるめてみるものです。基本的には、家とそこに暮らす人との相性が悪ければいい風水とはいえません。反対に、相性が良ければよい風水ということができます。総合的にみていくのが風水の世界なのです。

さらに言えば、この風水とはお墓を見るためのものでした。発祥はやはり中国。中国人というのは輪廻転生を信じていますから、お墓というものをとても大切に考えています。

どこの地にどのような方角に向かってお墓を建てるか。運勢の良いとされるお墓を建てることで、またこの世に生まれ変わることができる。代々のご先祖が安らかに眠るために、できる限り運気の良い場所にお墓を建てる。そのために2年も3年もかけて風水師に占ってもらいます。

それがいつの時代からか、お墓の場所を占うことができるのなら、生きている人間の家も占うことができるだろうと。そんな発想から始まったのです。

風水とは環境を整備する学問

さて、この風水というのは、単なる占いではなく、環境整備学だと私は考えています。ベースになっているのは中国の陰陽五行説です。

私たちのまわりには、目にみえないエネルギーの流れがあります。良いエネルギーもあれば悪いエネルギーもある。いかにして、良いエネルギーを自分や家に取り込んでいくか。悪いものをどうやって排除していくか。それを教えるものなのです。

たとえば、人によって違いはありますが、ある人には東南という方位は天医方《てんいほう》位《い》と言われており、健康に良いとされています。東南の方位を枕にして眠ることで、健康運が良くなっていく。また、恋愛に関しては、延年方位《えんねんほうい》と言われている北の方位に枕を向けて寝ることで、恋愛運が良くなります。

つまりは、自分が暮らす環境をいかに良いものにしていくかということ。だからこそ環境整備学なのです。

また風水は、実践してこそその効果が現れるものです。

東南の方向を枕にして眠れば健康になる。それを知っていたとしても、実行しなければその効果は現れません。本だけ読んで知識を詰め込んでも、実際にやらなければ何も変わらないのです。

そしてもうひとつ知っておいて欲しいことがあります。

よく「今年は南西の方角が縁起がいい」とか「東南の方角には旅行しないほうがいい」などと喧伝する風水師がいます。しかし、良い方角や悪い方角というのは、ひとりひとりが違うものなのです。

Aさんにとっては良い方角でも、Bさんにとっては良くない。綿密に見ていかないとそれはわかりません。もちろん、ざっくりとしたものは提示できますが、みんなが同じというわけではありません。

九星気学などはこの方位は悪いと決めつけたりしていますが、それは風水の理論ではありえません。もしも万人にとって北の方角が悪いのなら、北に旅行する人はすべて運勢が悪くなってしまいます。

遊び感覚で考えるのならそれでもいいでしょうが、本当に自分だけの風水を知りたいのであれば、しっかりと勉強をした風水師に時間をかけてみてもらうことをお勧めします。

風水に振り回されたら本末転倒

さて、今は風水がブームになっていると書きました。それは事実でしょう。

しかし、そのブームを鵜呑みにして、必要以上に風水を気にすると、返って幸せから遠ざかっていくような気がします。実際に、風水を気にしすぎるあまり、自分の悩みを大きくしてしまった男性がいました。

その男性は、まるで切羽詰ったような声で私に電話をしてきました。

「先生、私はやっと念願の家を建てることになりました。すでに図面も完成して基礎工事も終わっています。

でも、何人かの風水師にみてもらうと、風水的には良くないと口をそろえて言うのです。玄関の向きも悪いし、寝室の位置も最悪だと。いったいどうすればいいのかわかりません。とにかく一度、家を見に来てもらえませんでしょうか」と。

家の図面をみた風水師が、口を揃えて良くないと言う。そうであれば、きっと私がみても同じような結果になるでしょう。

その同じ結果を聞くために、高いお金を支払うことになる。私としてもあまり気が進みませんでした。もちろん家を見に行って占えば、それなりの報酬は得ることができます。しかし、私はそんなことはしたくはありません。

私は男性に聞きました。

「もしも玄関の向きが悪いとわかれば、図面を書き換えることができるのですか。寝室の場所も変えることができるのですか」

男性は答えました。

「それはできないんです。基礎工事も終わっていますから、これから図面を変更することなどできません。だから悩んでいるのです」

男性の必死な気持ちは十分に伝わってきます。そこで私は言いました。

「図面が変更できないのであれば、もう風水でみてもらうことはやめなさい。どうせ変えられないものならば、それを変えることなく、幸せになる方法を考えることです。

今のあなたの声を聞いていると、とても不幸せな感じを受けます。今のあなたは不幸せなのですか。それは違うでしょ。念願の家を建てることができたのですから、それだけで十分に幸せなはずです。その幸せをしっかりとみつめて、これからの生活に夢を抱くことです」

私がそう答えると、男性は電話口で泣いていました。

「先生のおっしゃるとおりです。私は自分自身で自分の幸せを邪魔していたのですね。今やっと、家を建てる契約をしたときの幸せな気持ちを思い出しました。ありがとうございました」

風水をはじめとしたすべての占いは、人の心を幸せにするためにあると、私は信じています。

もしも風水に頼ることで不幸せな気持ちになったり、悩みがでてきたりするのであれば、そんな占いはやるべきではないと思います。

占ってもらう側も、占う側も、互いが一緒になって幸せを探していくこと。

それこそが占いの存在意義なのですから。

安くて運気も上がる「花風水」とは

風水の理論を長年にわたって学んできた私は、ひとつの理論を考案しました。

それが「花風水《はなふうすい》」というものです。

私のところにも、風水で占ってほしいというお客様がたくさん訪れます。そしてそのお客様の多くが、このような話を私にぶつけてきました。

「東の窓に龍の置物を置きなさいと言われたので、10万円もする置物を買いました。でも、あまり効果がないんですよ」

「風水の先生にみてもらうたびにいろんな買い物をしてくるので、とうとう夫に叱られました。お前は何かの宗教にでも入っているのかと」

なかには物を売る人間と組んで、商売をしている風水師がいることも確かです。また、風水師に悪気はなくても、結果としていろんな物を買う羽目になる人もいます。本人がそれで満足しているのなら別ですが、どこかに不満があるとすれば、それは同じ占い師としては悲しいことです。

何とかもっと簡単に風水の理論を活かせる方法はないものか。そこで思い至ったのが花でした。

もともと花には陽のエネルギーがあるとされています。そして花にはいろんな色があります。これを何とか風水に活かすことができないかと考えたのです。

東に青い物を置けばいい。だったら高価な置物を買うよりも、青い花を置けばいいのです。西の方角には白くて丸い物がいい。ならば白い花を買ってきて、丸い形に整えて置けばいい。そうすればフラワー・アレンジメントを楽しみながら風水のエネルギーも呼び込むことができます。

家の中に花を飾る。ただそれだけで心は和むことになるでしょう。家に飾ってある花をみて文句を言うご主人もいないでしょう。季節の花を安いお金で楽しみながら、家と家族の運気も上げていく。これこそ一挙両得だと私は考えています。

おかげさまでこの「花風水」は、私がもっているカルチャースクールでは広まっていますが、まだまだ世の中には知られていません。これは、ぜひとも普及をしていきたいと思っています。

風水の本などを読んで、自分で良い方角を探してもいいのです。そしてその方角に自分でアレンジした花を設えてみる。とても簡単で楽しみながらできるものです。それほど深い悩みがないのであれば、花風水で十分です。

そんなことを書けば私の風水師としての仕事は減るかもしれませんが、それでも一向に構いません。花風水によって、少しでも幸せな気分になる人が増えれば、それこそが私の占い師としての本望なのですから。

「占い師」との上手な付き合い方

心の中に迷いや悩みが生じたときに、人は占いというものに目が行きます。

頭で考えても結論がでない。誰かに相談したくても、自分のまわりに相談できる人がいない。たったひとりで悩みを抱えている。そんなときに、ふと占い師の存在を思い出したりもするでしょう。

そんなとき、どのような占い師を訪ねていけばいいのか。

そこでつい「有名な」占い師に見てもらおうと考える人が多いようですが、有名だからといって良いとは限りません。占い師の善し悪しというものは、有名だとか、よく当たるとか、そんな基準ではかるものではないと私は考えています。

ではどのような占い師が良いのでしょう。

それは、あなたに合う占い師こそが、あなたを幸せに導いてくれると思っています。

一口に占い師と言っても、そのタイプはさまざまです。タイプというのは占いの種類などではなく、占いの結果の伝え方が違うということです。

たとえば私などは、とにかくプラスに考えるように導きます。もしも悪い占い結果がでたとしても、それを打ち消すようなものを探します。

四柱推命を使って占ったら、残念ながら短命であるという結果がでてきた。もちろんその結果を隠すことは占い師としてはできません。正直に結果は伝えます。しかし、その結果だけを伝えて放り出してしまえば、きっとその人は落ち込むだけ。そんなときには、その結果を和らげる要素を私なりに見つけるようにしています。

「四柱推命によれば、あなたは短命だという結果がでました。でもね、あなたの眉毛をみると、見事な羅漢眉をしています。長くて下のほうに垂れ下がった眉。そのふさふさした眉毛の人は、長生きだと言われています。だから心配することはないですよ。規則正しい生活を心がけていれば、きっとあなたの羅漢眉が助けてくれますから」

このようにマイナスのことと同時に、プラスの要素も必ず伝えます。

人間とは面白いもので、プラスのこととマイナスのことを同時に言われれば、70対30でプラスのことが心に残ります。心の中にある願望がそうさせるのでしょう。明るい笑顔でプラスのことを言ってあげること。それが私の占い師としてのスタンスです。

しかしなかには、そんな慰めなど必要はない。とにかく結果だけをはっきりと教えてほしいという人もいます。

どのような結果であれ、自分は受け止める自信がある。そんな結果に惑わされない強さがある。そんな人もいます。こういうタイプの人は、ただ結果だけを教えてくれる占い師が向いているでしょう。

また、占い師の人にきつく言われることが好きなタイプもいます。かの細木数子さんなどがそのタイプです。

彼女は、まるで子供を叱るように、厳しい言葉で相手と対峙します。占ってもらっているうちに、まるで自分が何か悪いことをしたような気分になってくる。占い師が依頼人を叱るなんてと思う人もいるでしょうが、そんな細木さんの厳しさを求める人たちがいることも事実なのです。「叱られるなんてまっぴらだ」と思う人は細木さんのところには行きません。

やはり占い師にも性格がありますし、占ってもらうほうにも好き嫌いがあります。有名だからと言って、その占い師があなたと合うとは限らないのです。

まずは一度足を運んでみることです。そして、この占い師とは合わないなと感じれば、二度とそこを訪れなければいい。誰に遠慮することもありません。選ぶ権利をもっているのはみなさんなのですから。

あなたに合う占い師との出会いを

もうひとつは、悩みの種類によって占い師を選ぶことです。

たとえば、夫婦の問題で悩んでいるとします。そんなときに、20代の未婚の占い師に相談しても無理です。単純な相性占いはできるかもしれませんが、結婚生活に対するアドバイスなどできません。

あるいは、彼氏とうまくいってないという悩みを、70を過ぎた男性占い師にぶつけても、なかなか納得できる答えとは出会えない。やはり占い師の人生経験や生き方を知ったうえで相談したほうがいいと思います。

何度も書きましたように、占いというのは「宣告」でも「決定事項」でもありません。それは人生を良きものにしていくためのヒントに過ぎないのです。

人生の小さなヒントを探しにいく場所。そんな場所だからこそ、あなたが信頼しうる占い師とであって欲しいのです。

人生のヒントを得る場所。それが占い師だとすれば、それは「お婆さんの知恵」にも似ているような気がします。

かつて3世代で暮らすことが当たり前だった時代。家の中にはお爺さんとお婆さんがいてくれました。

親と意見がぶつかったり、親にも相談しにくいことがでてきたとき。頼りになったのがお婆さんでした。お婆さんの傍にそっと座る。その孫の姿を見ただけで、お婆さんはすべてお見通しでした。

「どうしたんだい？　何か悩みでもあるのかい？」

優しく言葉をかけてくれます。

「何となく、何をやってもうまくいかないの。仕事も恋愛も思いどおりにいかないの。私って幸せになれるのかな」

心の中を素直に吐き出すことができます。

親に相談しても、きっと「もっと頑張れ」という言葉しか返ってこないでしょう。でもお婆さんは、頑張れとは、絶対に言いません。

「いつも思いどおりに行かなくてもいいんだよ。思いどおりに行くことのほうが少ないんだから。あんたはきっと幸せになれるよ。だって、幸せになれる顔をしているもの」

そのお婆さんの言葉に根拠などありません。顔相を学んできたわけでもありません。それでも「あんたは幸せになれる顔をしているよ」という言葉で、不思議と元気を取り戻すことができる。お婆さんがそう言ってくれたのだから、きっと私は幸せになれる。そう信じることができる。

そんなお婆さんこそが、究極の占い師であるように思うのです。そして、私が目指すべきところは、そこにこそあると信じているのです。

「みんなのお婆さんのような存在でいたい」

２０１０年から私はカルチャー教室で講座をもっています。おかげさまで私の講座はいつも満員御礼。生徒さんが途切れることはまったくありません。

カルチャー教室で講座を持つことは、意外と負担になるものです。決まった曜日と時間が拘束されますし、毎回の講義の準備もしなくてはなりません。それに比してギャランティーはけっして高いものではありません。

占いの講座をもちたいと希望している人はたくさんいますが、そのほとんどは少し名前が売れるようになれば教室を閉じていきます。要するにお客さんを集めるのが目的で、教室を開いているわけです。

私はおかげさまで、依頼者の数はこなせないほどに増えています。１日に１人しかみないと決めていますから、数か月先まで予約で埋まっているのが現状です。

それほど忙しくても、私はカルチャースクールを閉じるつもりはありません。なぜなら、そこには私に「会いに」来てくれる人たちがたくさんいるからです。

カルチャーの講座では、ごく基本的な占いを教えています。さらに深く学びたいという人は、そこからは私のところに直接勉強に来るわけです。これもまた、たくさんの人たちが私のところに学びに来てくれます。

四柱推命から始まって風水や顔相、手相に至るまで、一通りの知識を教えます。1年間も私のところに通えば、ほとんど基本的な占いはできるようになるものです。

あとは自分で勉強するだけ。もう私のところに来ても教えることはありません。それでも、何年も私のところに来てくれる生徒さんが多くいます。私は言います。「私の講義を受けるだけで授業料が発生するのだから、もったいないでしょ。もうあなたは自分だけで勉強していけばいいのですよ」と。

それに生徒さんたちは答えます。

「私は今、占いを学ぶためにだけここにきているのではありません。先生のお顔をみるために来ているんです。ここに来なくなると、何となく運が逃げるような気がするんです。1か月に数回先生に会える。それが楽しみなんですよ」

これほど嬉しい言葉は私にとってありません。占い師のところに来ているにも関わらず、その目的は占いや勉強などではなく、ただ私に会いに来てくれる。この言葉を聞いたとき、私は心から思いました。

私の占い師としての生き方は間違っていなかったのだと。

占い師というのは、社会の表舞台に立つような存在ではありません。占ってあげますよ、とお客様を呼び込むような仕事でもない。社会の片隅にそっと座っている。心の行き場をなくした人のために、小さな居場所をつくって待っている。かつて、家の中に座っていたお婆さんのように、疲れた心を癒すような存在。悩みに寄り添い、少しだけ背中を押してあげるような存在。それが占い師なのだと私は思っています。

みんなのお婆さんのような存在でいたい(もちろんお婆さんと呼ばれるほどの年齢ではありませんが)。それが私の願いでもあり、目標でもあるのです。

悩みを抱えているあなた。迷いが生まれているあなた。理不尽さに怒りを覚えているあなた。人生の道に迷っているあなた。

私は、いつでもここにいますよ。

運をつかむ3つの方法

良い運に出会いたい。良い運をつかみたい。漠然とした願いですが、それは誰しもがもっている気持ちだと思います。

では、どのようにすれば運をつかむことができるのでしょうか。その方法は、3つあります。

まず1つ目は、自分自身がもっている運を引きだすということ。

もしも自分のなかに良い運がないとすれば、2つ目の方法として努力をして運をつくりだしていくこと。

それも難しければ、3つ目、良い運をもっている人の傍に行くこと。

運をつかむ方法とは、この3つしかないのです。

1つ目にあげた、自分が持っている運を引きだすこと。それができる人は実は限られています。生まれつき才能に恵まれていたり、素晴らしい環境を与えられていたりする人。なかにはそういう人もいますが、実はとても少ないのです。

このような強運の持ち主は、何をやってもうまくいきます。少しの努力で大きな成果を得る。何とも羨ましい限りですが、世の中にはそんな人もいるものです。

しかし多くの人は、そのような強運には恵まれていません。そこで一生懸命に努力をして、何とか自分の力で運をつくろうとする。失敗を繰り返しながらも、けっして諦めずに、ひたすらに努力を重ねていく。

そうすることで、いつの日にか良い運が巡ってくるのです。

成功している人がいつも笑顔でいるワケ

私はこれまで、多くの経営者を占ってきました。そのなかで成功を収めている経営者に共通するもの。それが、運をつくりだす努力をしてきた人たちだということです。

もちろん努力をすれば誰もが成功するというわけではありません。現実的には、いくら努力をしても報われない人も見てきました。しかし、これだけは言えます。努力をした人すべてが成功するわけではない。ただし、成功した人はすべて人よりも何倍もの努力をしていると。

努力すれば必ず運が開けるとは言い切れません。でも、少しでも良い運に恵まれたいと願うのなら、それを信じて努力をすること。それ以上でもそれ以下でもないのです。

今の仕事に不満足な人もいるでしょう。生活に不満を抱えている人もいるでしょう。でも、それを嘆いてばかりいても仕方がありません。

自分に与えられた仕事や境遇をしっかりと受け止め、まずは一生懸命にやってみる。その小さな積み重ねで、必ず運は上向いてくるのです。

そして残念ながら、いくら努力をしても、自分の力で運がつくりだせないときには、運を持っている人の傍にいくことです。

それは運のおこぼれをもらいに行くわけではありません。良い運をもっている人のことをよく観察することです。

その人はどのような考え方をしているのか。どのように人と接しているのか。

どのようなお金の使い方をしているのか。それらを学び、ときに真似をしてみることです。

運というのは不思議なもので、互いに引き寄せ合う性質をもっています。たとえば、良い運を持っている人たちは、お互いに引き寄せられます。反対に悪い運をもっている者同士も。自然と引き寄せあっている。お金持ちはお金持ち同士で集まり、貧乏な人は同じ境遇の人間と集まってくるものです。

人間の関係とは互いに影響を受け合うもの。悪い仲間とつるんでいれば、自分もまたその世界に引きずり込まれてしまいます。せっかく自分が良い運をもっていたとしても、悪い仲間と付き合うことでその運は逃げて行ってしまう。運にはそんな性質があるのです。

では、運が良い人と付き合うにはどうすればいいか。

その答えは先にも書きましたように、笑顔を心がけることだと思います。

運が良いと言われている人をよく観察してみてください。彼ら彼女たちは、間違いなく素敵な笑顔をもっています。けっしてへらへらとしているわけではありません。それでも彼らの表情にはいつも笑顔があります。

常に前を見つめ、自分の生き方に自信をもち、そしてまわりの人たちへの気遣いも忘れない。その笑顔のもとに多くの人たちが引き寄せられるのです。一緒にいるだけで気持ちが明るくなる。運をもっている人に共通するものです。

そんな人の仲間になりたいと思うのなら、あなたもまた笑顔でいることです。嫌なこともあるでしょう。腹立たしい出来事も起こるでしょう。いや、生きていればマイナスのことのほうが圧倒的に多いのかもしれません。

しかし、そんなものに心を奪われてはいけません。マイナスのことを笑顔で吹き飛ばしていく。その積み重ねこそが、運を呼び寄せるのだと私は思っています。

これこそが、藤木先生から託された「笑運」なのです。


「私は運が悪い。良い運に恵まれたことがない」

その言葉を発した瞬間に、運は逃げていきます。

言葉には、魂が宿っている。これを「言霊《ことだま》」と言います。心のなかで思うことはあるでしょう。気持ちが沈むこともあるでしょう。

でも、それを言葉に出さないようにすること。マイナスの言葉は心の中に封じ込めて、しっかりと笑顔で前を向いてください。

あなたの口からでたマイナスの言葉。不満や文句、怒りといった言葉。それは誰かに跳ね返り、必ずあなたのもとへと返ってきます。

マイナスの言葉を吐き出せば出すほど、それは何倍にもなって自分のところに返ってくる。そうなれば、あなたの人生はマイナスの言葉に包まれてしまいます。

そんな場所に良い運が運ばれてくることはないのです。

幸せのサイズは人それぞれ違うもの

今ひとつ、運というものについて思うことがあります。

「あの人は運がいい」

「あの人は運が悪い」

「私の人生は運に恵まれない」

そんな言い方をしますが、いったい何をもって運がいいとか悪いというのでしょう。それは誰が決めるのでしょう。

運について考えるとき、私はいつも母のことを思い出します。

北海道の貧しい家に生まれ、中学を卒業するとすぐに旅館に働きに出された母。結婚はしたものの、傲慢な夫にただ従うばかり。自分のことなど後回しで、すべてを家族のために尽くしてきた母。そしてやっとこれから自分の人生を楽しめるというときに病に倒れ、7年もの闘病生活の果てにこの世を去った母。

何と運に恵まれない人生だったのかと、私は子供ながらに思っていました。

しかし、ほんとうに母は運が悪かったのか。母自身が自分の運命を恨んでいたのだろうか。娘から見れば大変そうに見えていたけれど、もしかしたら母自身は、自分の運を悪いと思っていなかったのかもしれない。我儘《わがまま》な夫と結婚し、さらに癌を患っていても、どこかに幸せを感じながら生きていたのかもしれません。

それは私にはわかりません。母の人生は運が良かったのか、それとも悪かったのか。それを決めるのは母自身であり、たとえ家族といえども、まわりが決めることではないような気がするのです。

もしかしたら、母の人生は運が悪かったと娘である私が思うことさえ、母にとっては失礼なことかもしれないのです。

運が良いとか悪いとか。それは他人が決めるべきことではありません。

自分自身の心が決めることです。

「私は運がいい」。自分自身がそう思えたなら、それは運がいいことになる。「自分の人生は運に恵まれない」自分の心がそう叫んでいるとしたら、きっと運に恵まれない人生が続いていくことになる。

運の良い悪いは確かにあるでしょう。うまくいくときもあれば、何をやってもダメなときもあるでしょう。でも、その運ばかりに目を奪われすぎると、やがては人生の道が見えなくなるのではないでしょうか。

究極的に言えば、今こうして生きていること。この世の中に生きているということ。そして明日という日がやってくると信じられること。それだけで十分に運に恵まれているのだと思います。

この世にこうして生きている。そんな奇跡を生きている人すべてがもっている。そう考えれば、この世に運のない人などいるはずはありません。

占いをしていれば、いろんな運勢を持っている人と出会います。素晴らしい運勢の人もいれば、こちらが結果を伝えることも躊躇するような運勢の人もいます。でも、私が伝えたいことはただひとつです。

それは、生きてさえいれば、必ず幸せと巡り合えるということ。

そして幸せとは大きい小さいではありません。幸せのサイズは人それぞれです。誰かと比べることをせずに、他人を羨《うらや》んでばかりいないで、自分に合ったサイズの幸せをみつけることだと思います。

あなたのまわりには幸せの種がたくさん落ちています。その種を拾い集めてください。きっとその小さな種のひとつから綺麗な花が咲くはずです。その花こそが、あなたがもっている「運」ではないでしょうか。

私が占い師としてできること。それは、みなさんの目を小さな幸せの種に向けることだけなのです。

手相でわかる恋愛・結婚運

指の長さと手の形で4つのエレメント（火・地・風・水）に
分類し、性格や気質を判断します。

手のひらの形 / 指の長さ	四角形	長方形
短い指	地の手	火の手
長い指	風の手	水の手

①手のひらの形が長方形か四角か。
②指が長いか短いか。（手のひらの横幅よりも中指が長いか短いか。）

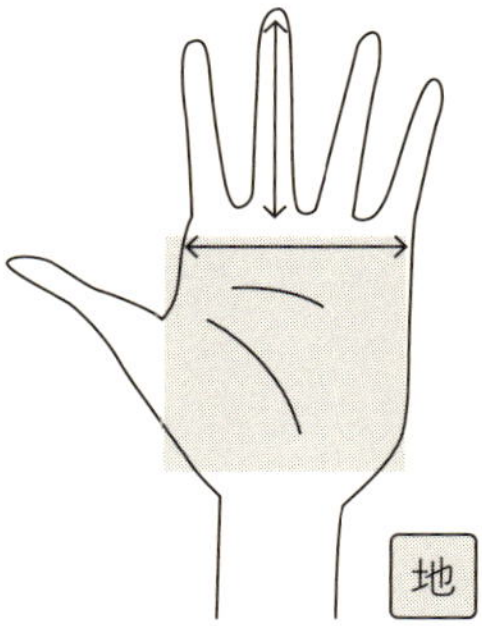

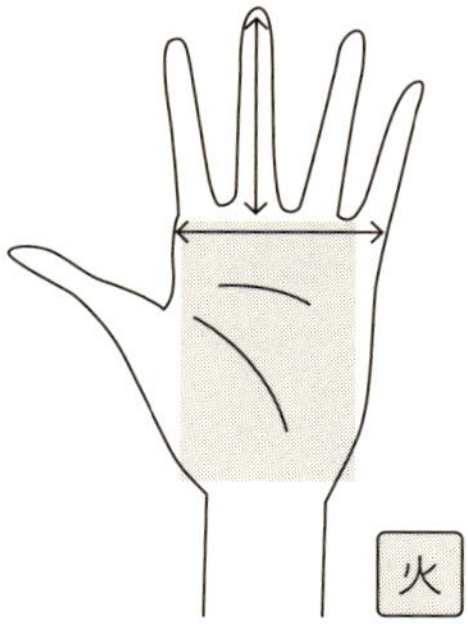

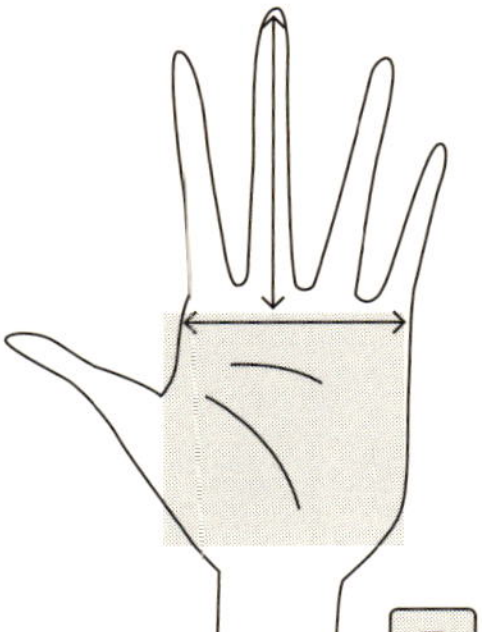

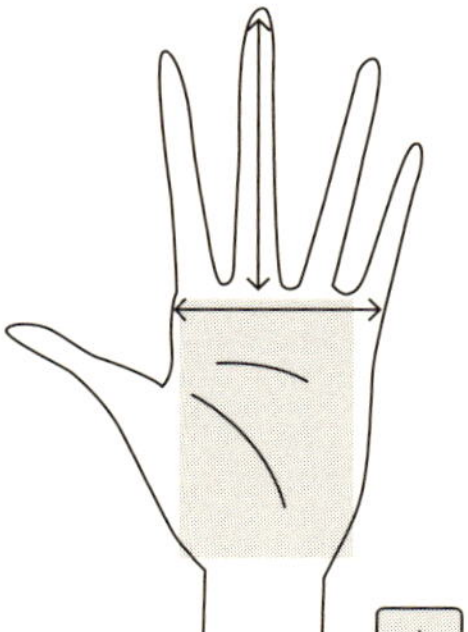

エレメントによる恋愛・結婚の特徴

エレメント	恋愛・結婚の特徴
地の手	堅実な恋愛を好み、好きになったら一途。不倫や遊びの関係を嫌う。しっかりとした家庭を築く。
風の手	常に自由を求める。自立心が強く、結婚してもお互いを尊重し合い深く干渉しない。
火の手	一目ぼれなど情熱的な恋愛を好み、熱しやすく冷めやすいタイプ。結婚しても恋人同士のよう。
水の手	夢見がちな恋愛観。ムードに弱く惚れやすい。好きになったら無償の愛を貫くがあきらめも早い。

タイプ別の相性

自分＼相手	地の手	風の手	火の手	水の手
地の手	○	×	×	◎
風の手	×	○	◎	×
火の手	×	◎	○	×
水の手	◎	×	×	○

第3章

占いに導かれた女

――ある占い師の独白

ある占い師の生い立ち

ごくごく普通の、平凡な家庭に私は生まれました。

平凡ではあるけれど、家の中はいつも暖かさに溢れていた。両親の愛情に包まれて、私と弟は何不自由なく暮らしていました。

両親は共に北海道の出身。父は様似《さまに》という襟裳岬の少し手前にある街に次男坊として生まれました。勉強ができた父は東京の大学に行き、卒業すると札幌で働くことになります。税理士免許を取得した父は、入社した会社でも大事にされていました。

母は小樽の生まれです。4人兄弟の3番目。つつましく暮らしているなか、母が12歳のときに父親が亡くなります。生活は一変し、母親は女手ひとつで4人の子どもを育てることになりました。母は中学を卒業すると、札幌郊外の温泉旅館の仲居さんとして住み込みで働くようになったのです。

青春時代のいちばん楽しい時期。母は朝から晩まで仲居として働いていました。その温泉旅館に宿泊にやってきたのが、当時はまだ大学生だった父です。

父が大学を卒業して札幌に帰ってくると、2人は結婚します。平凡ではあるけれど幸せな家庭。学歴も秀でた才覚もない母は、ただひたすらに家族のために尽くしてくれた女性でした。

私が小学生になるとき、父が東京の会社からヘッドハンティングされ、私たち家族は東京に移り住むことになりました。

父は家族を守るために、それこそ昼夜を問わずに仕事をしていました。世の中は高度経済成長期に向かう時代。誰もが豊かさを求めて、必死に働いていた時代です。

今でも覚えていることがあります。父は税理士ですから、いわゆる期末の3月は猫の手も借りたいほどに忙しい。とても会社の時間だけでは足りずに、自宅に仕事を持ち帰ってきました。

膨大な量の領収書。それを母と私が整理をし、ときには簡単な計算までもさせられる。今のようにパソコンなどありませんから、すべてを手作業でやらなくてはなりません。夜遅くまで、家族総出で領収書の整理を手伝う。それが我が家の春の行事のようになっていたのです。

でも不思議と、私はそんな作業が苦になることはありませんでした。目の前に並んでいる膨大な数字。それらを計算したりして、見事にぴったりと合った瞬間などは、小さいながらも充実感を覚えたものです。

割り切れることの面白さ。数字と向き合う楽しさ。この素養は完全に父親から受け継いだものだと思っています。

まわりの同級生の女の子たちは、夢中になって少女マンガを読んでいました。誰かに恋心を抱いたり、誰かに振られて悲しい思いをしたり。そんなストーリーにみんなひきつけられていた。

ところが私ときたら、そんなことにはまったく興味がありません。

割り切れない感情のなかでモヤモヤしている気がしれない。もっとスパッと割り切ってしまえばいいのに。好きなのか嫌いなのかはっきりしない。どっちでもいいからはっきりせい、とそんなことを考える子どもだったのです。

まあ女の子としては可愛気がなかったかもしれません。それもこれも、きっと父親のせいだとは思っていますが。

／すすきのキャバレーでの思い出

とにかく父は、私のことを溺愛していました。初めての子ということもあるでしょうし、またどこかで自分と似ていると感じていたのかもしれません。

私がまだ小学生になる前、札幌で暮らしていたころの話です。

夕方になると父は、なぜか幼い私を連れて、すすきののキャバレーに足を運ぶことがありました。幼子をキャバレーに連れて行くのですから、何とも不謹慎な話です。

どうしてそんなことをするのか。

当時のキャバレーで働くホステスさんは、ほとんどが「訳あり」の女性たちです。離婚して女手ひとつで子どもを育てている。仕事をしない夫を養うために子どもをどこかに預けて仕事をしている。生きていくためにホステスの仕事をしているという女性がほとんどでした。

彼女たちの心にあるのは我が子のことです。夜遅くまで預けられている我が子を思うと胸が締め付けられる思いがしたでしょう。そんな彼女たちの前に、同じ年ごろの私が現れるのですから、私が注目されるのは当たり前です。

たくさんのホステスさんが私のところにやってきて、ジュースを出してくれたりお菓子をくれたりします。ニコニコしながら頭を撫でてくれます。まるで我が子を思い出すように。

そこで父が言います。

「この子は妹の子どもなんだ。もうすぐ妹が迎えにくるから、それまでいさせてくれ」と。

要するに私は、ホステスさんから注目を浴びるための撒き餌みたいなものだったのです。まったく呆れた一面をもつ父でした。

しばらくすると、母親が私を迎えに来てくれます。

そこでまた父が言います。

「これが妹だ」と。

あくまでも独身を装いたかったのでしょう。

昔の女性はすごいですね。母はホステスさんに頭を下げながら言うのです。

「いつも兄がお世話になってます」と。

父のメンツをつぶさないように、あくまでも妹のふりをしていました。今の女性なら修羅場になってしまうことでしょう。

今から思えば笑い話のような話です。そんな小さな波風を立てながらも、私たち家族は仲良く暮らしていました。

祝福されない結婚

「将来は医者になれ」という父の思いを受けて、私もその目標に向かって勉学に励んでいました。しかしそれは簡単な道のりではありません。

私が大学に入ったのが1976年。「受験戦争」という言葉が、連日のように新聞に載っていた時代です。ただでさえ厳しい大学受験。それに加えて医学部の競争倍率は信じられないくらい高いものでした。

そんな状況の中で、大学は文科系に進学することにしたのです。

もちろん医学部受験は困難ということもありましたが、どこかでいずれは商売をしたいという気持ちがあったことも事実でした。そのためには、経営や経済を学んでおくほうがいいという考えもあったからです。

理数系の学部に進学しなかったことについて、父は何も言いませんでした。

そして真面目に4年間大学生活を過ごし、卒業を迎えることになりました。

父は私の就職のことで頭がいっぱいです。とにかく会社に入って、社会の役に立つような仕事をしてほしい。せっかく大学まで卒業させたのだから、せめて5年くらいは、脇目も振らずに仕事に集中してほしい。それが父の願いでした。

父の思いはよくわかります。大学進学率が上がってきた時代ですが、まだまだ女子学生の進学率は高いものではありませんでした。

そのなかで、中高一貫の私立に通い、大学にも行かせてもらった。何か社会のために仕事をすることは当然だと思います。

しかし、ここでも私は父を裏切ることになりました。

卒業すると同時に、結婚したいと思う男性が現れたのです。

結婚しながら仕事ができる時代ではありません。結婚を取るか仕事を取るか。女性はこの2者選択を迫られる時代でした。そして私は、結婚を取ったのです。

もちろん父は大反対です。相手がどうのということより、社会に出ないままに結婚することを許そうとはしませんでした。せっかく大学を卒業したのに、すぐさま専業主婦に収まることなど許せなかったのです。

今の時代ならばいろんな選択肢があったのでしょうけど、当時の私はどちらかを取るしか方法がなかったのです。

母の言葉で運命が決まった

ぜったいに許さないと譲らない父。話は平行線です。そんな私と父をみていて、ついに母が動きました。

父がいないときに私を呼んで、母はこう言いました。

「ほんとうに結婚したいのなら、それはあなたの人生だから私は反対しないよ。でも、お父さんは絶対に許すことはないと思う。あなたが本気なんだったら、家を出て駆け落ちをしなさい。お母さんはあなたの味方になってあげるから」と。

母の言葉に背中を押されて、私は家を飛び出しました。

自宅の近くに部屋を借り、そこに母が家財道具を揃えてくれました。もちろん私の住んでいる場所は、母も知らないことになっています。

父親に認められないなかでの生活が始まりました。

あるとき布団を運びこんでくれた母が、何気なく言いました。

「このところ食欲がないのよ。あなたのことでバタバタしていたせいかな。まあでも、ダイエットになって丁度いいかな」

確かに母の身体は細くなっていました。もともとはふっくらとした体型なのですが、お腹もすっかり細くなっている。

でも、その母の変化を真剣に考える余裕はありませんでした。また落ち着いたら元気になって食欲もでてくるだろうと。自分のことばかりに気を取られ、身近な母親の変化に気づこうとしなかったのです。

もしもそのとき、すぐに病院で検査を受けさせていれば。その思いが小さな棘のように、いつまでも私の心を突き刺しています。

母の発病。そして余命宣告

父親としては許すことはできませんが、それでも決まってしまったものは仕方がない。意に沿わない結婚ですが、やはり娘のためにはきちんとした式を挙げてやりたい。

東京での結婚式には、北海道からたくさんの親戚を招きました。

バタバタしているなかでの式はほんとうに大変だったと思います。そんな両親の苦労もつゆ知らず、私はうきうきと新婚旅行にでかけたものです。これから始まる新しい生活に胸を躍らせながら。

新婚旅行から戻り、旅行の土産話をもって実家を訪ねました。母に声をかけると、とても辛そうにしている。

「どうしたの？」と聞くと、

「ちょっと風邪を引いたみたいだからお医者さんに連れて行って」というのです。

近所の病院で診てもらうと、まあ風邪だから注射を1本打っておきましょうという。結婚式の疲れがでたのだろう。母も私もそう思っていました。

ところが、家に帰ってしばらくすると、注射をしたほうの腕がどんどん膨らんでいったのです。1週間もしないうちに、2倍くらいの太さにまでなりました。ばい菌でも入ったのかと思っていたのですが、10日目くらいからは腫れも引いてきました。

これは後からわかったことなのですが、このとき母のがんはすでにリンパにまで転移していたのです。そのリンパに注射をしたことで拒絶反応を起こしたのです。

理不尽さに対する怒り

母の体調は、良くなることはありませんでした。日に日に身体が衰えていく。もうこれは単なる風邪などではない。私は母を大学病院に連れて行きました。

検査の結果、みつかったのは卵巣癌です。

当時の医学では、卵巣癌は治療方法がないとされていました。

癌の進行はステージ4。医師が私に言いました。

「残念ですが、お母さんの余命はもって3か月です」

あまりにも突然の余命宣告。私は俄かには受け入れることはできませんでした。

そのとき私の頭に浮かんだのは悲しみではありません。それは、何とも言いようのない理不尽さでした。

「どうして母がこんな病に侵されなくてはいけないのか」

ひたすら家族のために生きてきた母。自分の楽しみなどまったく考えることなく、ただただ私たちに尽くしてくれた母。世間様に迷惑をかけたことなど一度もありません。貧しさに耐えながら、一生懸命に生きてきた。そんな人間が、どうしてこんな辛い目に遭わなくてはいけないのか。あまりにも理不尽すぎる。

そうです。私の心に芽生えたのは、人間が抱えている理不尽さに対する怒りのようなものでした。

余命3か月の宣告。それは私たち家族にとって衝撃的な苦しみでありましたが、本当の苦しみがこれから始まることを知りませんでした。

心を失くす7年間の看病生活

余命3か月の宣告を受けた母。もしも医師の宣告通りに3か月で旅立っていたとしたら。少し伸びても半年で死を迎えていたとしたら。きっと私は、占いというものに出会っていなかったと思います。

結果として母は、宣告を受けてから7年という長きにわたって闘病生活を送ることになったのです。大学の医師たちも、これには驚きを隠しませんでした。医学的には半年ももてばいいと考えられる。ところが半年どころか7年も命をつないできた。まさにそれは奇跡ともいえるようなことでした。

癌を患って闘病しているとはいえ、母が生きてくれることは喜ぶべきことです。もしかしたら病が治るかもしれないという僅かな希望さえ芽生えてきます。できるなら奇跡が起きてほしい。そう願うのは家族としては当たり前のことです。

しかし、母が生きる喜びの裏側には、それを支えるまわりの苦労がありました。結婚して新婚旅行から帰るや否や、私は母の看病というものを背負い込むことになったのです。

幾度となく手術をしました。入退院を繰り返しました。

当時、弟はまだ大学生。父と弟の男2人では家はまわりません。私は朝早くに起きて、まずは夫に朝食を食べさせて会社に送りだします。すぐに近くの実家に行き、父親と弟に朝食を食べさせ掃除や洗濯を済ませ、ふたたび自分の家に戻ります。家の用事を済ませると、母が入院している病院にかけつける。

そんな生活が7年も続くことになったのです。

2年もそんな生活をしていると、さすがに心も体もボロボロになってきます。どちらかと言えば明るく能天気な性格の私ですが、あの7年は自分自身を見失うほどに辛い日々でした。

看病をするのは辛く大変なことです。しかし、いちばん辛いのは母親です。

娘も結婚し、息子も大学生になった。やっと人生が一段落し、これからのんびりと好きなことができる。経済的にも落ち着き、お金の心配をしなくてもすむ。まさにこれからが母の自分の人生だったのだと思います。そのさなかに癌を患うわけですから、母の気持ちを察するに余りあります。

どうして母がこんな苦しみを味わわなくてはいけないのか。その理不尽さに、私は自分を責めたこともあります。

私が両親の反対を押し切って結婚したからだろうか。私自身に罰が当たったのではないだろうかと。

あるときは自分を責めてみたり、あるときは父親を責めてみたり。そしてあるときは世間や仏様を責めてみたり。私の頭の中は混乱するばかりでした。

「大丈夫」という言葉を求めて

その混乱の中で頼ったのが占いだったのです。

どこそこにいい占い師がいると聞けば飛んでいく。霊媒師に除霊をしてもらえば助かると聞けば訪れ、何十万円ものお金を払って除霊をしてもらう。いつしか母の病室は、数えきれないほどのお札《ふだ》が溢れるようになっていきました。

占い師に見てもらったところで母の病気が治るはずはない。除霊をして病気が治るのなら医者など必要ない。高いお金を払ってお札を買っても意味があるはずはない。頭の中では冷静に考える自分がいました。

もともとは、そんな非科学的なことなど信じない性格ですから、占い師に言われたことを安易に信用などできるはずもありません。

しかし、そこにはもうひとりの自分がいたのです。

「もしかしたら、治ると言ってくれる占い師がみつかるかもしれない」

「もしかしたら、母に悪い霊が取りついているのかもしれない」

「もしかしたら、お札を貼れば効き目があるかもしれない」

信じない自分と、何かに頼りたい自分の両方がそこにはいました。

今から思えば、私は自分自身の心を救ってほしかったのだと思います。

「大丈夫ですよ。あなたのお母さんは奇跡的に回復しますよ。そのことが占いにでていますから」

その言葉と出会いたいがために、私は多くの占い師を渡り歩いていたのです。

数年間にわたって、私はたくさんの占い師のもとを訪れました。しかし誰ひとりとして、私が望む答えをくれた占い師はいません。母の病状を説明すると、みんな口をそろえるように、「お母さんは残念ながらもうだめでしょう」と言う。

それなのにお布施を強いられたり、何かを買わされたりする。つぎ込んだお金は数百万円をゆうに超えました。

私は思いました。どの占い師も私が望む答えをくれることはない。本当かどうかもわからない。だったら自分で占いを勉強して、自分の力で答えをみつけてやろうと。

占いの歴史を紐解き、その理論を身につけよう。きっとそこには自分が求める答えがみつかるはずだと。これが私と占いとの出会いでした。

自分の力で占いを勉強する。将来占い師になることなど微塵も考えていません。だれかを占ってあげるという発想もまったくありません。

ただ私は知りたかったのです。自分や母親に与えられた宿命とはどういうものなのか。自分の運命がどのように運ばれていくのか。

未来を知ることなどできるはずはありません。

それでも、もしも占いというものが、ほんの少しの未来の尻尾をつかまえることができるのだとしたら、私はその未来の尻尾をつかまえてみたい。その尻尾を掴みながら、運命というものを少しでも見出しながら、よき人生を歩いていきたい。その一心で占いを学ぶことにしたのです。

そういう意味では、母の病がなければ、私は占い師になることは絶対になかったと思います。

母の死を言い当てた「四柱推命」の師

いろんな占いを学ぶために講義などを聞きに通いました。専門書を買い集め、看病の時間を縫って学びました。心の中では相変わらず否定的な考えが巣くっています。

「こんな占いなどで運命がわかるはずはない」と。

そんなときに出会ったのが、四柱推命の先生でした。もうお亡くなりになっている人ですが、四柱推命の世界では名の知れた占い師でした。

先生の講義が始まっても、相変わらず私はどこか斜に構えていました。

「生まれた年月や日にちなどで運命がわかるはずなどない」

まあ四柱推命という占いも学んでおくかくらいの気持ちでした。


ところが実際に先生の指導に従って自分自身の人生を占っていくと、ずばずばと当たっていくのです。

父親はどんな人間なのか。両親はどのような人生を歩んできたのか。自分は何歳のときにどのようなことが起きたのか。自分の人生を検証していくと、みごとに当たっています。弟が高校生のときに怪我をしたことまで占いには表れている。

私はどんどん講義に引き込まれていきました。

「占いなどで未来や運命がわかるはずはない。でも、１００％それがまやかしのものではない。占いには何かがある。でなければ数百年も続いてくることはない」

科学的には証明されなくても、何かが占いの世界には存在している。そんな確信が私の心の中に芽生えたのです。

講義の後、その占い師の先生が私にこう言いました。

「かわいそうだけど、あなたのお母さんは51歳で亡くなります」

四柱推命ではそうでていると。その言葉を俄かに信じることはできませんでした。また、そう言われたところで、私は何をすればいいのかもわからなかった。単なる四柱推命というひとつの占いに過ぎません。その占いに根拠など見いだせるはずもない。

しかし実際に、母は51歳で旅立っていったのです。それが現実だったのです。

答えをだすだけの占い師に価値はない

7年間の闘病生活の末、母は51歳でこの世を去りました。私は27歳になっていました。思い返せば、私の20代は母の看病と家族の世話に明け暮れていたことになります。

母が亡くなったときの悲しみは大きかったですが、正直どこかでほっとした気持ちもありました。1日でも長く生きていてほしい。そう願う一方では、心身共に疲れ果てていた自分がいたことも事実です。やっとこれで普通の暮らしを取り戻すことができる。それが本心でした。

大きな病を抱えることは大変なことです。もちろんいちばん苦しいのは本人ですが、病人を抱える家族もまた大きな苦しみに晒されます。だからこそ、私はそういう人たちの心に寄り添いたいと思っています。

その人の病が治るのか治らないのか。それは占いで答えをだすことはできます。しかし、ただ占うだけではいけない。

「あなたのご家族はもうすぐ亡くなりますよ。占いにはそうでています」と。

そんな一言を投げつけるだけではいけない。占いの答えだけを押し付けられても、どうすることもできません。

占いではこのようにでています。でもこの占いの結果がすべてではありません。最悪の占いがでているのであれば、せめて最悪にならないような生き方を提示してあげること。少しでも前を向いて歩けるようなアドバイスをしてあげること。

それこそが、占い師としての良心であり、責任だと私は思うのです。

母の病は、私たち家族にいろんなことを教えてくれました。私たち家族の絆を強くもしてくれました。そして何よりも、生きていくことの大切さを教えてくれたように思います。

寿命を知ることに何の意味があるのか

「お母さんの余命は3か月です」

医師からそう告げられたときのショックは今も忘れることはありません。

後に私が占いの勉強をしながら、ふとあのときのことを思いだすことがあります。そして自問自答するのです。

「もしも自分が余命宣告をされたらどう思うのだろう」と。

もちろん医師は医師としての立場で正確な病状を伝えることが義務でしょう。治る見込みもないのに大丈夫などと言えるはずはありません。厳しい病状であればそれを客観的に伝えるのが医師としての立場です。

しかし医師というのは、ただ結果を伝えるだけではありません。その結果に対してどのような医学的アプローチをしていけばよいのか。つまりは、処方箋をもっているわけです。

ところが占い師はどうでしょうか。ひとりの人物を多角的に占うことによって、かなり正確な寿命は導きだされます。大病を患う可能性も占いによって知ることができます。

しかし私たち占い師はその結果に対する処方箋をもちえてはいません。どうすれば大病を患わずに済むか。どうすれば寿命を延ばすことができるのか。その答えを提示できる占い師はひとりもいません。

ところがすぐに「先生、私はいつ死ぬのか占ってください」と言う人がいます。真剣に聞いているのか、はたまた面白半分で聞いているのかはわかりませんが、自らの寿命を占ってほしいと言う。私はきっぱりと答えます。

「占うことはできるよ。あなたの寿命も知ることができるよ。でも私はそれをやらない。いや、やってはいけないと思う。それが私の占い師としての良心だと信じているから」と。

もしも私が誰かの寿命を占って、3年後にはその人が死ぬと占いにでたとしましょう。そのことを当人に告げることが、いったい何の意味があるのでしょうか。それは悪戯な恐怖心を煽《あお》るだけだと思います。

「3年後に死ぬなんてことがあるはずがない。今もいたって元気なのだから」言葉ではそう言いながらも、きっと心のどこかに私の言葉が棘のように突き刺さってきます。ちょっとした日常の変化にさえ、占いの結果と結び付けたりする。「もしかしたら、自分の寿命が3年というのは当たっているのかもしれない」と。人間とは不思議なもので、頭のなかに刷り込まれることで、知らず知らずのうちにそっちの方向に歩くことになるのです。マイナスのことを言われれば、気持ちがマイナスの方向に引き寄せられていく。

要するに3年後の死に向かって歩き始めてしまうのです。

「当たる占い師」は正義か

占い師の多くは、当たることを喜びとしています。そして占ってもらうほうにしても、「あの占い師はよく当たる」と喜んだりします。

でも、占い師というのは、当てることだけが使命ではないのです。もっといえば、悪い占い結果がでたとしたら、それが当たらないように心を導いてあげること。それこそが私たちの役割だと思うのです。

当てるだけというのは無責任極まりない。たとえばお腹が痛いと病院に行きます。医師が診察して「胃炎です」という診断を下す。この診断は間違いのないものので、要するに病名を言い当てているわけです。

たとえば、そこで「胃炎です」と言うだけだとどうでしょう。病名を告げるだけで処置もしなければ薬も出してくれない。それは無責任だと思いませんか。

占い師が結果だけを告げて、あとはご勝手にというのは、まさにそれと同じことなのです。

「あなたは3年後に死にますよ」

その言葉だけを投げつけて放り出す。母が癌になって私が出会った占い師の多くは、このように結果を私に向かって投げつけただけでした。

自分は何歳で死ぬのだろう。自分の寿命はどれくらい残されているのだろう。そんなことに心を砕くのではなく、いかに生きるかを考えたほうがいい。どれくらい残されているかわからない人生だけど、その残された人生を一生懸命に生きることを考えることだと思います。

母はきっと、自らの死期を悟っていたのだと思います。自分の病が治ることはない。1日1日と死に向かって歩いている。そのことをわかっていたと思います。それでも母は、その1日を一生懸命に生きていました。

抗がん剤の副作用で、心身ともにぼろぼろになりながらも、ベッドのなかでは私たち家族の心配ばかりしていた。

「みんなちゃんとご飯を食べているだろうか」

「洗濯物は溜まっていないだろうか」

「1日に1回は楽しく笑っているだろうか」

自分のことはかまわない。でも、家族だけは幸せになってほしい。みんな健康でいてほしい。苦しさの合間に見せようとするつくり笑顔。「私は平気よ」という弱弱しい言葉。その母の姿を思い起こすたびに、私は1日1日を大切に生きようという気持ちになるのです。

父、底なしの愛と悲しみ

母が病に倒れたのが45歳。このとき父は48歳。まさに男としての働き盛りです。仕事も軌道にのり、子供たちもひとり前になってきた。人生の中で光り輝くような充実した時期でした。

そんなときに妻が病に倒れる。その苦しさは相当なものだったと思います。

ある夏の日の夕方。私は用事があって実家に行きました。

「ただいま」と声をかけても返事がありません。

家の中には電灯もついていなくて、居間からテレビの音だけが聞こえてきます。そっと居間のほうに足を向けると、そこにはステテコ姿でひとり坐っている父の姿がありました。

私は声をかけることができませんでした。がっくりとうなだれて、まるで眠っているかのような父。傲慢で偉そうで豪快な父の姿はそこにはありませんでした。

「お父さんって、こんなに小さかったっけ」

私は心の中でそうつぶやきました。そして私は見ました。座っていながら、ひっそりと肩を震わせて泣いている父を。

父の涙を見たのは、このときが初めてでした。父に気づかれないように実家を後にした私も、道すがら涙が止まらなかったことを覚えています。

家族みんなが、何とも言えない理不尽さと戦っていたのです。

病院からのひとつの提案

何とか母の病を治してあげたい。そう願う反面、治療にかかる費用は相当な負担となっていました。

父の給料はけっして安いというわけではありませんが長引く入院費用を支払うにはぎりぎりだったと思います。今のようながん保険などもありません。入院して治療をするだけで、1か月に100万円近い費用が請求されます。かといって入院や治療を拒むこともできない。

あの時代。家族のなかに癌患者がひとりいると、家族は破たんすると言われていたものです。

そして、母の最期となった入院。亡くなった後の請求を見ると、100万円をゆうに超えていました。すぐに支払うことはできません。何とか分割で支払いたいと父は病院にお願いをしました。

そのとき、病院側からひとつの提案があったのです。

「奥様の病状を考えれば、7年も生きてこられたのは不思議なのです。医学的に検証したいと思いますので、ぜひともご遺体を献体していただけないでしょうか。もしも献体に応じてくだされば、残りの入院費用は病院でもちます」と。

確かに医学的に貢献できることは意味のあることだと思います。もしかしたら母もそれを望んでいるかもしれない。

「世間様の役に立つような人間になるんですよ」というのが母の口癖でしたから、たとえ献体しても母は怒らなかったと思います。もちろん父も頭の中ではそう考えていたと思います。

しかし、父は医師を前にして静かに言いました。

「もうこれ以上、妻の身体に傷をつけたくありません。早く家に連れて帰ってやりたいんです。入院費は必ずお支払いします」

父の母に対する深い愛情と深い悲しみ。その一言には父の思いが詰まっていたのだと思います。

新しい人生への一歩

母を見送った私は、やっと自身の人生を歩き始めました。

母のことを思い出すと、精神的には辛いときもありましたが、それでも日常生活はほんとうに楽になりました。

なにせそれまでは、自分の家と実家の2軒分の家事をこなしていた。それこそ朝から晩まで家族の世話と母の看病に明け暮れていたわけです。

家のことなどは午前中ですべて終わってしまいます。性格的にもじっとしていられないほうですから、やるべき家事はすぐに終わってしまいます。

2年ほどはそんな暇を持て余した生活をしていたのですが、とうとう我慢ができなくなり、仕事をしようと思い立ったのです。

年齢は30歳を過ぎていた。もう正社員として仕事をみつけることは難しい。ならば自分で商売を始めてしまおう。何とも大胆な発想をしたのです。

何かの資格をもっているわけでもないし、これといった特技もありません。そんな人間が始められる仕事といえば、やはり飲食業です。もともと客商売に興味があったので、これしかないとスナック経営に乗りだしたのです。

自分がもっている貯金はわずか60万円。その60万円をもって店舗を探しに行きました。

上野の不動産屋に飛び込み、店舗を貸してほしいと頼んだ。

「予算はいくらくらいですか?」と聞かれたので、正直に「60万円しかありません」と答える。

不動産屋の人は呆れるように私を見て「いくら下町でも、最低でも300万円は必要ですよ。60万円の予算では到底借りることなどできません」と言います。

こんなことで引き下がるような私ではありません。

「絶対にお金持ちのオーナーさんがいるはずです。空き店舗があるから、安く貸してもいいと言う人が必ずいますから、そういうオーナーを探してくれませんか」

私は必死に訴えました。今から考えれば無茶な話だと思います。

「そんな奇特な人なんかいるはずないよ」

不動産屋の答えはごもっともだと思います。

ところが、その奇特な人がいたのです。手広く店舗を貸している韓国人のオーナーさんです。空けておくのも無駄だからと、小さな店を貸してくださることになったのです。ほんとうに幸運でした。

お客さんに支えられた飲食店経営

さて、店舗は確保したものの、なにせお店をするなど初めてのことです。経理のことは父の手伝いをしていたので、大体の知識は身に付いていました。しかし店の運営をどうしていいのかについてはまったくの素人です。

第一、スナックという看板を掲げたのに、お酒の作り方さえも知りません。女の子を2人雇ったのですが、2人とも素人です。

「ウイスキーをシングルで水割りにして」とお客さんに頼まれても、さて水割りの作り方がよくわかりません。

父親は一滴もお酒を飲みませんでしたから、我が家に水割りなるものが登場することはなかったのです。もちろん私も飲めませんから、氷をどれくらい入れたらいいのかもわからない。シングルの分量もよく知りません。

スタッフの3人が揃ってあたふたしているのを見て、お客さんは目を白黒させています。

「水割りの作り方を知らないの？」

「ハイ、作ったことも飲んだこともないんです」

するとお客さんが「しょうがないな。俺が教えてあげるから」と丁寧に作り方を教えてくれます。怒って帰ってしまっても当然なのに、逆に面白がって通ってくれる常連のお客さんが増えていったのです。

若くもないし美人でもない。おまけにお酒も飲めないときてる。よくぞそんな店に足しげく通ってくださったものです。もう感謝の気持ちしかありません。

でも私は、実はそういう店をやろうと考えていたのです。

若くてきれいな人に水割りを作ってほしいのなら、そういう店に行けばいい。そんな店はあちこちに溢れています。

そうではなく、我が家に帰ってきたようにほっとできる店。気を使うことなく、心からくつろぐことができる店。そんな店をやりたい。いや、今の自分にはそういう店しかできないと思っていました。

お会計さえもお客様任せです。

「おあいそして」と言われても、さていくらいただけばいいのかよくわからない。厳密に原価計算しているわけではないので、水割り5杯とおつまみでいくらになるかよくわからない。

「えーと、いくらになるのかしら」と私が困惑していると、

「もういいや。1万円おいておくから」とテーブルに置いて帰っていきます。

1万円もするはずはありません。おそらくは5千円くらいの請求になるでしょう。残りの5千円は、お客さんの心を癒したお金だと思います。

そういうお客様に恵まれて、第1号店は成功したのです。

がむしゃらに走り続けた20年

初めての店が成功してから、私は銀座に進出することを決めました。この商売をやる限りは、やはり銀座でやってみたい。そんな憧れがあったからです。

それからはスナックだけでなく、いろんな店をやりました。カラオケの店をやったり、ホステスさんの着物の着付けの店をだしたり、職人さんを雇わずに自分で料理の勉強をして割烹料理屋もだしました。

とにかく新しいことを始めるのが好き。起業をすることが楽しかったのです。しかし、多くの店を展開していったのは、単に自分の起業心ばかりではありませんでした。

実はこのころに、夫が急死したのです。病名は脳幹出血。あっけない死でした。

夫は旅行関係の仕事をしていて、1年中海外や日本中を駆け回っていた人です。私のお店経営にも理解を示してくれて、2人で頑張って家庭を支えようと言い合っていた。会えない時間が多かったけれど、常に心の支えになっていた夫でした。

あまりに突然の夫の死に、私は混乱したものです。母の場合は常に覚悟ができていましたが、夫の急死には心の準備はまったくできていません。当たり前のことです。

長い闘病生活を支えた後の死には、どこかやりきったという思いがあるものです。悲しいけれど、自分自身を納得させることもできるでしょう。しかし、あまりに突然の死を前にして、また別の理不尽さが私の心を襲ってきたものです。

「あれほど健康に気を使っていたのに」

「60歳になったら2人で旅行をしようと約束していたのに」

どうして神様は私から大切な人を奪ってしまうのだろう。

いくら考えてもそこに答えはありません。そこにある現実の答えはただひとつ。これからは自分だけで子供を養っていかなくてはならない。自分だけの力で生きていかなくてはならない、という現実だけでした。

昼夜を問わずに私は働きました。自分の楽しみのために仕事をするなどという甘い考えはもうありません。30代、40代、私は生きるために必死で走り続けたのです。

そうして一生懸命に仕事をしつつも、私は知らず知らずのうちに占い師への道を歩き始めていたのです。

私が占いの勉強をしていたことが知られるようになり、いろんなお客さんやホステスが占ってくれと来るのです。面白半分、まじめ半分。

「ママさん、こういう人が愛人にならないかと言ってきてるんだけど、どうすればいいか占って」と。

私は占いをもとにして彼女にはっきりと言い放ちます。

「やめたほうがいいわよ。それよりも、あなたは占いによるとこの仕事は向いてないわ。他の仕事に変わりなさい」と。

また場所柄、経営者の人たちもたくさんいました。

「ママさん。今度こういう人と取引をしようと考えているんだけど、一度占ってくれないかな」そんな相談もよく受けました。

「その人との相性は最悪よ。ぜったいに一緒に仕事をしてはダメ」

こちらは占いでお金をもらっていないのですから、もう言いたい放題です。

私の占いを信じようが信じまいが、そんなことなど関係ありません。とにかく占った結果をズバッと言うだけです。

ところが、その私の占いが的を射ていると評判になり、占いを目当てに常連のお客様がどんどん増えていったのです。もちろんそのときには占いでお金をもらうことなど考えてもいませんから、お客様が増えてくれればそれでいいと思っていました。

ある占い師に言われた「言葉」

そうして走り続けて20年。私は50歳の声を聞くことになりました。

母が亡くなったのが51歳のとき。その年齢に自分も近づいてきた。子供たちも社会人として自立してくれている。ここで一度、人生をリセットしてもいいのではないか。そう思っていたときに、娘が私に言いました。

「お母さん。ちょっと休憩したら。もうそんなに働かなくてもいいよ」と。

この娘の優しさに背中を押されて、私はすべての店を閉じることにしたのです。

ところが店は閉じても、常連のお客様が放っておいてはくれませんでした。私の携帯電話にはしょっちゅう電話がかかってくる。

「ママさん、相談したいことがあるんだけど」

「ちょっと仕事のことで占ってほしい」

時間はありましたから、私はできる限りの相談に応じました。

といっても店がありませんから、占うのは喫茶店やホテルのロビーになります。他人には聞かれたくない話もありますし、なかには泣き出してしまうホステスもいます。これでは周囲に迷惑がかかってしまう。

また、こうした場所で商売をすることは禁じられていますから、占ってあげてもお礼を受け取ることはできません。それでも私の携帯電話は鳴りっ放し。

「ならばいっそ、本気で占い師をやってみようか」

そして50歳になったとき、私は事務所を構えて、本格的に占い師としての仕事を始めることになったのです。

そのときにふと思い出したことがありました。母の病気のことで占い師を巡っていたころ、ひとりの占い師が私に言ったことがあります。

「あなたは勉強をすれば、35歳くらいで占い師になれますよ。占い師として食べていくことができます。

でも、そのタイミングでやってはいけません。もしも、あなたが調子に乗って30代半ばで占い師になったら、きっとあなたは死ぬでしょう。50歳までは、ぜったいに占いでお金をもらってはいけません」

言われたときには何も思いませんでした。だいたい占い師になろうなどとこれっぽっちも考えていないのですから。

しかし今思えば、この占いは怖いほどに当たっていると言わざるを得ません。自分の50歳になったときの運命は、実は20代からわかっていたのです。自分のことですが、何とも不思議な気持ちになったものです。

これが、私が占い師に辿りついた道のりです。

風水でわかる健康運

風水は環境を利用して運を良くする学問。

日常に取り入れやすいものが多いです。


風水とは古代中国から伝わる環境整備学。

目に見えない「気＝エネルギー」を活用して日常生活をより良いものにしようとする開運術です。

「人間は環境の子」と言われるように、置かれた環境によって吉凶禍福が変わってきます。

健康に関しても環境の善し悪しは重要です。

私たちの睡眠時間を平均約8時間と考えると、人生の1／3は寝ていることになります。

寝ている間は意識のない無防備な状態ですから、どのような寝室（環境）かによって健康に大きな影響を与えることになります。

人間は生まれた年によって吉方位・凶方位が違い、八卦という8つのパターンに区分することができます。

風水学ではこれを本命卦といいます。

本命卦を知ることによってあなたの吉方位・凶方位だけでなく健康によい方位を知ることができます。

① 本命卦一覧表であなたの本命卦を調べましょう！

※中国暦では、1年は立春（2月4日）から始まります

生年	男性	女性
昭和 3・12・21・30・39・48・57・平成 3・12	離	乾
昭和 4・13・22・31・40・49・58・平成 4・13	艮	兌
昭和 5・14・23・32・41・50・59・平成 5・14	兌	艮
昭和 6・15・24・33・42・51・60・平成 6・15	乾	離
昭和 7・16・25・34・43・52・61・平成 7・16	坤	坎
昭和 8・17・26・35・44・53・62・平成 8・17	巽	坤
昭和 9・18・27・36・45・54・63・平成 9・18	震	震
昭和 10・19・28・37・46・55・平成1・10・19	坤	巽
昭和 11・20・29・38・47・56・平成 2・11・20	坎	艮

本命卦によって健康に良いとされている「天医」方位が違います。

あなたの「天医」方位を見つけましょう！

② あなたの天医方位を調べてみましょう！

本命卦	天医
坎(かん)	東
震(しん)	北
巽(そん)	南
離(り)	南東

本命卦	天医
坤(こん)	西
乾(けん)	北東
兌(だ)	南西
艮(ごん)	北西

【天医】方位とは…健康や無病、長寿。また癒しや集中力アップの効果もあります。
心身共に健やかでありたい人はこの方位を積極的に活用しましょう！

家の中心から見て天医方位に寝室を配置して下さい。
もしこの方位を寝室にすることが難しいときは部屋の
中心から見て天医方位に頭を向けて寝ると健康に良いです。

[東四命グループ]

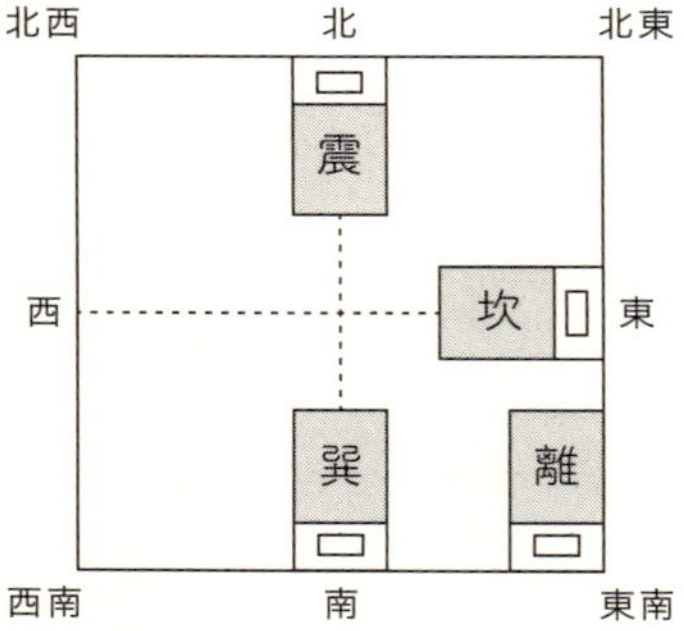

[西四命グループ]

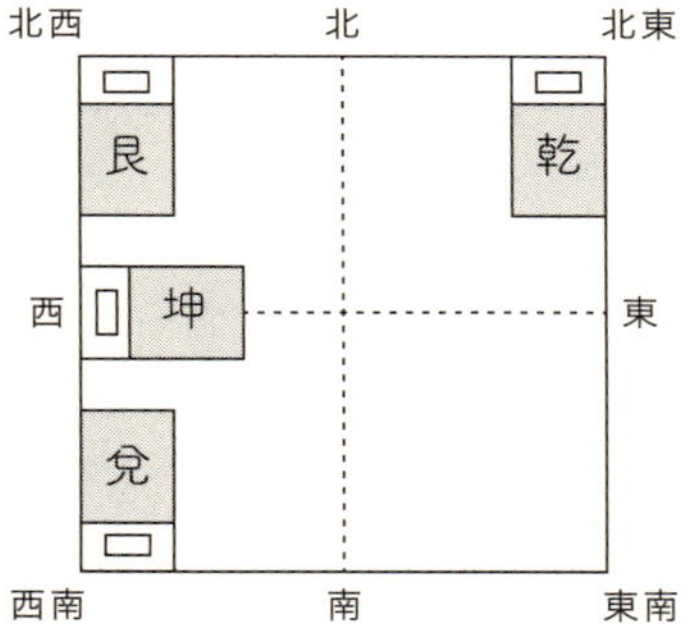

寝室のNG

- 梁の下で寝る
- 鏡に寝姿が映る
- 観葉植物を飾る
- 水槽がある
- ドアに頭を向ける

第4章

すべての女《ひと》は幸せになる力がある

占いの取扱説明書

世の中には数多の占い師がいます。

ちゃんとした事務所を構えている占い師もいれば、街中で机をだして行き交う人を占う人もいます。あるいは、ビルのなかにある「占いの館」のような場所でやっている人や、電話相談のような形をとっている人もいます。

さまざまな場所に占い師が溢れている現代ですが、実はそのたくさんいる占い師の中で、占いだけで生計を立てている人は、ほんの一握りにすぎません。私が思うには、占いで食べてゆける人はおそらく10パーセント未満だと思います。

ほとんどの占い師は趣味の延長線上であったり、あるいは副業としてやっているのが現状です。

もちろんそういう占い師たちがいい加減だと言っているわけではありません。

ただ、あまりにも安易に誰かを占うことは、悪影響を与えかねないということを私は心配しているのです。

実は、占い師になるのに免許など要りません。資格試験があるわけでもありませんから、誰にでもできる。

極端な話をすれば、書店に行って占いの本を2、3冊買ってきて読む。そして占い師だと名乗ればできます。話し上手な人であれば、ひと月もあれば占い師としてお金をとることもできるでしょう。

遊び感覚でやってくるお客さんに対してはそれでもいいかもしれません。その人のことを褒めたり、耳触りのよいことだけを伝えれば、それで満足してくれるでしょう。

しかし、ほんとうに大きな悩みを抱えてやってくる人。人生の選択を迷っているような人に対しては、こちらも責任と覚悟をもって対峙しなければなりません。

占い師が言った一言で、人生が変わってしまうことさえあります。人生が悪い方向に行ってしまうこともあります。その危険性をもよく認識したうえでお客様と向き合う覚悟があるかどうか。それが占い師には問われていると思っています。

では、どのような占い師を信用すればいいのでしょうか。

どんな場所でやっているとか、どんな服装をしているとか、そういった表面的なことよりも、その占い師が、どれくらい真剣に学んできたかを知ることです。

私は占い師になるなどということは考えてもいませんでした。ただ母親の病をきっかけにして、自分で占いの勉強を始めたわけです。

そのうちに占いの奥深さに惹かれてゆき、さまざまな占いを学んできました。占いを真剣に学ぶということは、書物などを読むだけではとても足りません。やはりしっかりとした占い師のもとで学ぶのがいちばんです。

私の占い師としてのネームは「ソフィア」ですが、これは風水の師匠がつけてくれたものです。

またソフィアという名前だけでなく、四柱推命の師がつけてくれたネームや、顔相の大家として知られる藤木相元先生からいただいた名前ももっています。それぞれの師匠からいただいた「免許皆伝」の証書もあります。

どんな師匠から学んだのか。どれくらいの期間を勉強に費やしてきたのか。言うなれば、それこそが占い師としての免許証だと私は考えています。

ところが、ほとんどの占い師は、誰に習ったかを明確にしていません。名前を誰からいただいたのかも公表していない。もしも皆さんが大事なことを占ってもらうのなら、まずは占い師に聞いてみることです。

「どのような師匠のもとで学んだのですか？　どれくらいの期間、勉強を重ねてきたのですか？」と。

その質問に答えずに、はぐらかすようであれば、その人はあまり信用しないほうがいいと思います。このようなことを書けば、おそらくは多くの占い師からの反発がくるでしょう。それでもあえて書くのは、やはり占うことの怖さも私が知っているからです。

そして何よりも私は、占い師という仕事に誇りをもっていますから、社会的にも認められる仕事にしていきたい。怪しげな仕事ではないことを知ってほしい。占い師の社会的信用を高めたいがために、あえて本音を書いているのです。

不幸オーラの占い師には近づくな

私のところにやってくる人たちは、いわば人生を彷徨っている人たちです。大きな壁にぶち当たったり、大きな不安や問題を抱えている人たちです。もうどこにも相談に行く場所がない。人生に行き詰まり打つ手がなくなった人たち。そんな人たちを前にして、いい加減なことを口にすることなどできません。まさに真剣勝負のごとく、私は精神を集中して占います。

たとえ占いで悪い結果がでたとしても、どうすれば最悪のシナリオにならずに済むか。少しでも良い方向にいく方法はないか。さまざまな占いを通して、一緒になって人生の道を探していきます。

私は基本的に、1日にひとりの人しか占うことをしません。2時間も3時間もかけて、じっくりとその人と向き合います。

どうしても断ることができずに、1日に2人の人を占ったことがあります。お

2人とも大きな問題を抱えている人でした。そして2人の占いを終えて自宅に帰った私は、部屋に入るなりもどしてしまいました。ぐったりとしたまま、数時間も動くことができませんでした。

それくらい本気で占うということは、心身ともに疲れ果てる作業なのです。

人気の占い師のなかには、1日に何人もの人を占う人もいます。1人あたりの時間は10分とか20分。さっと占って、

「はい、あなたは結婚が遅いですよ」

「あなたは仕事を変えたほうがいいですよ」

「あなたは家族の運勢が悪いですね」

表面的な占いの結果だけを伝えて、その占いに対するフォローは何もしない。確かにこのような形を取れば効率的であり、きっとお金もたくさん儲けることができるでしょう。私もやろうと思えばできます。

しかし、そんなことのために、私は占い師になったのではありません。たとえわずかな収入しかなくても、少しでも多くの彷徨える人たちの役に立ちたい。

綺麗ごとに聞こえるかもしれません。でも私は心からそう思っているのです。

それはきっと「社会のなかで役に立つ人間になれ」という両親の言葉が心にあるからかもしれません。

また「どうして母がこんな苦しい目に遭わなくてはいけないのか」という理不尽な気持ちを経験したからかもしれません。

自分と同じような苦しみを抱えている人たち。同じような理不尽さのなかでもがき苦しんでいる人たち。ほんの少しでもいいから、占いというものを通して元気にしてあげたい。

もしも、そんな気持ちが薄らぐことになったとしたら、私はその瞬間に占い師の看板を下ろすつもりでいるのです。8年間、私はそういう心がけをもって占い師をやってきました。

その私の思いを受け止めてくれ、心から信頼を寄せてくれる人もたくさんできました。それは嬉しいのですが、やはり行き過ぎればおかしなことにもなるのです。

行き過ぎた占い師信仰に注意

とにかく私を信用してくれているのか。日常の細かなことまで聞いてくる人もいます。

「明日は大事な仕事があるのですが、何色の洋服を着ていけばいいでしょうか」

「夏休みに旅行に行こうと考えているのですが、どこに行けばいいですか」

挙句には「先生、明日の夕食は何を食べればいいでしょうか」と。

しかしこれは冗談などではなく、聞いてくる本人にしては真剣そのものです。とにかく私が言った通りにすることがいいと信じ込んでいる。おそらくそういう人たちは、私にお布施をしなさいと言えば、喜んでお金をもってくるでしょう。

それくらい占いが持つ力はバカにできないのです。そういう危険性が常にあることをも、占い師は心しておかなくてはなりません。

私はその人を思い通りにすることが役割ではない。その人の人生を決めつけたりしてはけっしてならない。ただその人の人生の一コマにそっと寄り添うこと。

その線引きを自身がしっかりともっていなければいけないといつも思っています。

これから自分はどうなるのだろう。

自分の未来は明るいものなのだろうか。

まわりにいる人たちとうまくやっていけるだろうか。

その小さな不安や心配を抱えたとき、人は占いに足を運ぶのでしょう。それは悪いことではありません。

しかし、占い師のところに行く前に、自分自身に問いかけてみることです。「私は何のために占い師のところに行くのだろうか」と。

少しだけ元気になりたい。ちょっとだけ今の自分を変えてみたい。その程度であれば、それこそどんな占いでもいいと思います。

マイナスのことを言われたら忘れればいいし、自分に都合のいいことだけ持って帰ればいい。遊び感覚で占ってもらい、それで元気がでるのならいいじゃないですか。

でも、本気で彷徨える人生の答えを見出そうとするのであれば、やはり占い師はよく選んだほうがいいと思います。

もしも適当な占い師に頼めば、それこそかえって人生をかき回されることになります。今の悩みがかえって深くなることになります。

それは私自身が経験したことでもあるのです。

今から思えば、母の病気についてたくさんの占い師のもとを訪れました。藁をもつかむ思いで占い師のはしごをしました。

でも残念ながら、私が頼った占い師の99%はいい加減な占い師でした。

「お母さんは治りません」という結果だけを私に突き付け、心のフォローなどしてくれる人はひとりもいませんでした。

今、こうして自分自身で占いを勉強してきたことで、それがよくわかります。

占いというものを信じるか否か。その占い師が信用できるか否か。

それを決めるのはあくまでもあなた自身です。そのことだけは、常に忘れないでほしいと思います。

「相性が良い悪い」とはどういうことか

私のところにやってくる人たち。それぞれが悩みを抱えてやってくるのですが、実はその悩みとは3つに集約できると私は考えています。

ひとつ目には経済的なことです。借金が溜まってしまった。経営が行き詰まってしまった。なかなかお金が貯まらない。さてどうすればいいのでしょうかと。先にも書きましたが、答えは簡単です。あれこれと悩んでいる暇があるのなら、必死になって働くことです。働くこともせず、節約することもしない。それで、お金がないと嘆いていても、私としてもアドバイスのしようがありません。

このお金に関して言えば、「金運」と「財運」という言葉があります。同じように聞こえるかもしれませんが、実はこの2つは別のものなのです。

「金運」というのは、日々の暮らしに使うお金の運ということを指します。余裕のある暮らしができるのか、あるいはぎりぎりの生活を強いられるのか。

しかし、これは「運」というものではありません。要するに一生懸命に働くことで「金運」は上がっていきますし、サボっていれば「金運」も下がっていく。そういう意味で「金運」というのは、誰もがもっているものなのです。金運を上げたければ働きなさい。これに尽きます。

一方の「財運」というのは、生まれながらにもっている財産を指します。お金持ちの家庭に生まれる人もいれば、そうではない人もいます。いくら自分が努力をしても、そう簡単に財産を築くことはできない。要するにこの「財運」というのは、ある人とない人がいるということになるのです。

しかし、今の自分に財運がないと嘆いてはいけません。財運がないのなら、それを築いていく努力をすること。そうして自分の力で財産を築けば、子供や孫が財運に恵まれるということになります。そのようにして財産を受け継がせていくことが、その家の発展につながっていくのだと思います。

悩みの2番目。それは「健康」に関することです。

自分は大きな病気をしないか。健康で長生きできるか。あるいは今、病を抱えている人たちは、どうして自分だけが苦しまなくてはいけないのかと思ってしまいます。この健康に関する占いを依頼されることもしょっちゅうです。

四柱推命などによって、その人の健康を占うことはできます。大きな病に罹ることも、ある程度は予測することができます。でも、それが総てではありません。第一、私がいくら占いで病に罹ると言い当てたとしても、その病を私が治すことはできません。だからこそ、私は自分の占いが当たらないことを願います。

日々の生活に気を付けて、少しでも病に罹る危険性を排除してください。日々の生活を見直すことで、きっと運命は変えられる。占いでは病気になるとでても、それを回避する力があなたにはあります。

それでも残念ながら占いが当たって、病気になってしまったら。もうそれは医師に頼るしか方法はありません。薬を処方してもらうしかないのです。

「私はこんな病に侵されています。どうすれば良くなるか占ってください」

占うことはできます。しかし私は病に効く薬はもっていません。

1番目の悩みの「お金」と、そして2番目の悩みの「健康」。この2つに関して言えば、答えは明確です。

お金が欲しいのなら働くこと。健康でいたいのなら生活に気を配ること。そして病気になったら病院に行くことです。

さて3番目の悩み。それは「人間関係」です。この人間関係の悩みは実に複雑で、人それぞれに抱える悩みが違います。

そしてどの悩みにも点ける薬はありません。明確な解決方法などないのです。もっとも厄介な悩み。それがこの「人間関係」だと言えるでしょう。

大事なのは「相性」よりも「合性」

人間関係について占ってほしい。そう言ってくる人のほとんどは相性占いです。今、付き合っている人との相性。これから結婚しようとしている人との相性。あるいは結婚したはいいけど、結婚生活がうまくいっていないときに気になるのも相性です。特に若い女性の80％はこの相性に非常に興味を示しているのです。

確かに相性というのは気になるものです。恋人にしても職場の人間関係にしても、相性の善し悪しはどうしても気になってしまう。うまくいっているときは気にならなくても、ちょっと関係が悪くなると相性が悪いのかと思ってしまう。なかなか正体が見えないものだけに、かえって気になるのがこの相性というものなのです。

実は、相性には2つのものがあります。これは意外と知っている人が少ない。国語辞典にも2つの表記が載っています。

私たちが日常的に使っているのが「相性」というもの。これはもともとは陰陽五行説から来ているもので、要するに男女の性が合うかどうかを示したものです。生年月日を五行に割り当てて占うもの。

この「相性」は、自らの努力などで変えることはできません。「相性」が悪い星の元に生まれた2人は、一生を通してその相性は良くはならない。生まれ持った2人の縁みたいなものです。

そして、もうひとつは「合性」という字を書きます。これは合う合わないことを指します。価値観や考え方が合う。好きな食べ物が合う。同じ趣味をもっている。こうした表面的な合う・合わないのことです。そしてこの「合性」は互いの努力や心がけ次第で変えることができます。

初めは合わなかった考え方でも、深く付き合っていく間に互いが歩み寄ることができます。相手と同じ趣味を楽しむことで、さらに「合性」は良いものになっていく。つまりこの「合性」とは、相手に対する思いやりの中から生まれていくものだと私は考えています。

さて、私のところに相性診断にやってくる女性たち。

「恋人との相性を占ってください」と言います。

私は聞きます。

「どうして相性が気になるの？　その人とうまくいっていないの？」

女性たちは答えます。

「彼のことは愛していますし、とてもうまくいっています。でも結婚を考えれば、やっぱり相性が気になるんです」

「じゃあ、もしもその人との相性が悪いという結果になったら、あなたは彼とは結婚しないの？」

「……」

お互いに愛し合っている。価値観や考え方も似ているし、趣味も共有している。そして互いに結婚することを望んでいる。

そんな2人の「相性」が、もしも占いによって悪いとでたら、二人はどうするのでしょうか。相性が悪いからといって別れてしまうのでしょうか。

／最悪の相性を乗り越える唯一の方法

確かに「相性」は大切なものです。「相性」はいいに越したことはありません。大して好きでもないけど、お見合いによって結婚させられる。考え方も違うし、趣味もまったく別々。それでも2人の「相性」が良ければ、何となく長年連れ添うことができるのです。初めに恋愛感情などもたなくても、長年連れ添ってきた夫婦もたくさんいるものです。

では反対に、「相性」が良くない2人は必ず離婚することになるのでしょうか。

それはまったく違います。五行説をもとにして綿密に占った結果、どうしても受け入れ合えない2人がいることは確かです。

どんなにお互いに努力をしても、その努力が報われることのない「最悪の相性」というものもあります。残念ながらそういう「相性」が存在することも確かです。

しかし、そんな「最悪の相性」を持つ相手は、滅多にいないことも事実です。この地球上のなかに、おそらくはほんの数人しかいないのではないでしょうか。

そして、その「最悪の相性」の相手と出会って、恋人同士になる確率は果てしなくゼロに近いもの。99%の人とは、多少「相性」が悪くとも、互いの努力によって乗り越えることができる。

相手に合わせていくことで、お互いの心が通い合ってくる。「相性」の悪さは、「合性」によってカバーすることができるのです。

「結婚相手との相性を占ってください」

その気持ちもよくわかります。でも、それを占う必要があるのでしょうか。

占い師である私が言うのもおかしいかもしれませんが、いつも私は、そう心で思ってしまいます。

占った結果、とても良い相性だった。それは前に進む力になってくれるでしょう。背中を押してくれる力にもなってくれるでしょう。それはとてもいいことだと思います。

しかし反対に、相性が悪いと言われたときにどう考えるかだと思います。相性が良くないのなら、それを胸にもちながら、相手に合わせるようにしよう。そのようにプラスに捉えてくれるのならいいのですが、悪いと言われた途端に、結婚に消極的になったりする人もいます。でもそれは違うと思うのです。

私自身の結婚を振り返ってみても、胸が躍るような恋愛感情など2年で冷めてしまいます。でも、恋愛感情が覚めたから夫を嫌いになったということではありません。そこから先は、お互いに同じ人生を歩いていく同志として、大切にしようという気持ちに変わっていくものです。

自分に合わせてもらうことばかりを考えるのではなく、まずは相手に合わせることを考える。自分がしたいことよりも、相手が望んでいることを優先して考える。お互いにそんな気持ちをもっていれば、相性などというものに左右されることはありません。

本当の愛情とは、相性の善し悪しなどではありません。相手に合わせる「合性」の気持ちこそが、ほんとうの愛情ではないでしょうか。

そうして50年も連れ添い、やがて別れのときがやってきます。そのときに「私とこの人との相性は、ほんとうに良きものだったわ」と思えることができたら、それこそが「最高の相性」なのだと思います。

選ぶべきは向いている仕事か、好きな仕事か

今やっている仕事に対する不満を抱えている人はたくさんいます。また、不満はないけれど、本当は別の仕事に就きたいと願っている人もいるでしょう。

人生のなかで、仕事とはとても大切なものです。それは単に、お金を稼ぐという目的だけでなく、自らの生きがいにも通じるものです。そんな仕事の重みを知っているからこそ、そこには悩みが生じてくるのだと思います。

あるメーカーで事務の仕事をしているＯＬさんがやってきました。とてもチャーミングな女性です。

彼女は学生時代からテレビのタレントに憧れていた。いくつかのオーディションも受けたのですが、結局は採用されることなく、タレントの道を諦めて就職をしたのだと言います。

しかしOLになって3年。やはり自分の夢を捨てることはできませんでした。タレントとしてデビューするには、けっして若くはありません。それほど簡単になれるとも思っていません。それでも諦めきれずに、私のところにやってきたのです。

「先生、私はタレントとしてやっていくことができるでしょうか。私はそういう仕事に向いているのでしょうか」

遊び半分ではなく、彼女が真剣に転職を考えていることがわかりました。それならばと、私も心を込めて彼女の運勢を占いました。そしてでてきた占いの結果は、彼女が喜ぶようなものではありませんでした。

彼女の運勢は、とてもタレントなど人前にでてやるようなタイプではありません。いくら努力したところで、運勢的にみれば彼女がタレントとして成功することはほとんどないだろうと思われます。

私は、その結果を包み隠さず彼女に伝えました。

「あなたがタレントとして成功することはないと思います。おそらく収入も減るだろうし、苦労することもたくさんでてくる。今の仕事のほうがあなたには合っているとと占いではでています。でもね、それがわかっていても、やりたいという気持ちが抑えられないのなら、私は挑戦すべきだと思うよ」

占いによって、成功しないという結果がでた。成功しないのなら、初めからやらないほうがマシだ。今の仕事のほうが向いているのなら、まあこれで我慢しておこうか。

そう考えることもひとつの選択肢ですし、意外と占いの結果に従順に従う人も多くいます。こちらとしても「向いていない」という結果を提示したわけですから、それでもチャレンジしなさいとは言うことはできません。占いの結果をどのように取るかは本人次第なのですから。

でも私は思います。たとえ占いでタレントでは成功しないと言われても、タレントになりたいという気持ちがなくなるわけではありません。

「向いていない」と言われた瞬間に諦めるような人は、それほど強い気持ちが初めからなかっただけです。本気でやりたいという気持ちを持っている人は、そう簡単に諦めることなどできないものです。

その心を引きずりながら、どこかで諦めきれない感情を抱えながら、はたして日々の仕事と真剣に向き合うことなどできるでしょうか。自らの感情を抑えながら、これからの人生を充実して生きてゆくことができるでしょうか。

だから私は言うのです。

「苦労するかもしれないけど、本気でやりたいと思うのならやってごらん」と。大成功はしないかもしれません。でも、必死で努力を続けていれば、必ず小さな炎が灯ることはある。その努力が、まったく無意味になることなどないと私は思います。

幸せの基準はあなたが決める

実際に私は今、ある女優さんを定期的に占っています。

彼女が訪れるようになってもう3年は立つでしょうか。数か月に一度は私のところに来て、近々の運勢を鑑定しているのです。

女優さんとは言っても、主役を張るような人ではありません。ときおりドラマなどにも登場していますが、それもチョイ役ばかりです。ドラマの終わりに流れるテロップも、隅っこに小さく名前がでるだけ。彼女もまた、私が占ったところによると、その世界では成功は難しいことはわかっていました。

もちろんそのことは本人にも伝えてあります。それでも彼女は、日々に演技の練習に励み、一生懸命に努力を重ねています。

なかなか日の目を見ない女優さん。きっと金銭的にも苦しいはずです。努力が報われないという焦りもあるはずです。それでも彼女の瞳はいつも輝いています。数か月に一度やってくる彼女。来るたびに彼女の瞳の輝きは増している。

「何だか楽しそうね。もしかして良い役でももらえたの？」と聞けば、

「いいえ、相変わらずチョイ役ばかりです。きっと私が主役になる日など来ないでしょうね。それでも毎日が楽しくて仕方ないんです。

大好きな演技の勉強をしているだけで幸せです。たとえ売れてなくても、憧れの世界に身を置いているだけで、私は充実感を得ることができているんです」

売れない女優だから金銭的にも恵まれてないだろう。努力も報われないからか

わいそうだ。きっと彼女は不幸や不遇を味わっているに違いない。そう決めつけているのは、まわりの人間だけです。

当の本人はけっして不幸せなどとは思っていません。毎日が幸せに溢れている。そして、その幸せを手に入れたのは、彼女自身の考え方なのだと思います。

自分に適した仕事に就くことは幸せなことです。その仕事で評価されて、成功を収めることも幸せなことでしょう。

でも、幸せとはそればかりではありません。たとえ成功できなくても、自分のやりたいことに向かって必死に努力をすること。そのなかにもまた、人生の幸せが宿っていることを知ってほしい。

占いの結果などどうでもいい。どうせやりたいことをやるのであれば、占いなどまったく必要ない。そう思われるかもしれません。

でもそれは少し違います。手相や四柱推命などによって、その人の適職はある程度導きだされます。まずは、自分に向いている世界はどれかを知ることです。それを知ったうえで、自身の行動を考えてゆけばいいのです。

「今の仕事がぴったりだ。必ずやこの仕事で成功する」という結果が占いででれば、それを信じてまっすぐに突き進めばいい。脇目も振らずに自分を信じて歩き続ければいいのです。

反対に、「今の仕事では成功は難しい」という結果がでたのなら、それを胸に刻んだうえで努力をすることです。向いている人の何倍もの努力をすればいい。その努力はけっして無駄にはならないと思います。

物事の基準は成功・不成功だけではありません。この仕事をやっていて幸せを感じるか否か。そんな基準があることも忘れないでほしいのです。

「向き不向き」は占いで導きだすことができる

自分はこんなことをやりたい。新しいことを始めたい…。でも、いつ始めれば自分にうまくいくのか。今年から始めればいいのか、それとも時期尚早なのか。その迷いがでてきたときにこそ、占い師を訪ねてほしいのです。

同じことを始めるにしても、始めて良い時期と悪い時期があります。今年始めれば失敗するけど、来年になれば成功する。それは占いによって導きだすことができます。

まずは自分自身の心を決めること。占い師を訪ねるのはそれからなのです。やることも決まってない。それどころか自分が何をやりたいのかさえわからない。そんな段階で来られたとしても、こちらとしてはどうしようもありません。

その人がやりたいことなど、その人にしかわかるはずはない。それは他人から教えられるものではなく、自分でみつけていくしかない。そんな当たり前のことに気づいて欲しいのです。

「自分のやりたいことがわからない」

「自分に向いていることがわからない」

どうしてそんな悩みが増えてきたのでしょう。それはきっと、選択肢の幅が広がったことに原因があると思います。

職業にしても一昔前までは選択肢が多くはありませんでした。農家に生まれたら農業をやっていくしかない。漁師の家に生まれたら漁師を継ぐことが当たり前。窮屈ではありますが、選択肢がないというのは、実は人間にとっては楽な部分もあるのです。自分で考え、選択する必要がないのですから、ある意味では楽に生きられたものです。

しかし現代社会には、さまざまな選択肢に溢れています。やろうと思えば、何だってできるような環境にあります。そこに新たな悩みが生まれてきているのでしょう。何でもできるから、逆に何も選ぶことができない。まさに現代病みたいなものかもしれません。

もしもいま「何をすればいいかがわからない」と悩んでいる人がいるのなら、占い師にこう尋ねてみてはいかがでしょう。

「私はどんな仕事、どんなことに向いているのでしょうか」と。

向き不向きというものが人間にはあります。たとえ選択肢がたくさんあったとしても、そのなかには自分に向かないものもあります。

向かないものに対していくら努力をしても、なかなかうまくいくことはありません。やはり自分に向いているものにチャレンジするほうが近道なのは確かです。

もちろん占いによって、あなたは銀行員に向いているとか、教師に向いているとか。ピンポイントで職業を言い当てることなどできません。それでも、おおよその方向性は提示することができるのです。

「人と関わる仕事がいい」

「時間をかけてひとつのことを追求するのに向いている」

ざっくりとした向き不向きは占うことができます。その結果を道標にしながら、自分がやりたいことを探していく。それが自然なことだと私は思います。

「やれない理由」ばかりを探すのではなく、「自分に向いているもの」を探すこと。そしてとにかく行動を起こすこと。

それが「私は何をすればいいのでしょう」という質問に対する私の答えです。

運勢を知ることは、人生を受け入れて決めていくこと

自分はどんな仕事に向いているのだろうか。どのような運勢を持っているのだろうか。それをざっくりと把握しておく。

そのための手段として、占いを利用してほしいのです。

まったくの暗闇のなかを手探りで進むよりも、少しでも道標となる明かりが

あったほうがいい。自分の運勢を知らないことは、実は怖いことでもあり、人生を生きづらくしていることでもあると私は思います。

自分の手の平を見てください。横に並んでいる3本の線。真ん中の線は頭脳線と呼ばれるものです。この頭脳線がまっすぐに直線的に伸びている人は、理数系が得意な人です。論理的に物事を考えることができ、現実的な発想をする人です。

この頭脳線が下のほうに曲がって伸びている人ほど、芸術的なセンスがあるとされています。現実的な思考よりも、夢のある自由な発想が得意な人です。

では、論理的な思考をする人はどのような仕事に向いているのか。芸術的なセンスをもっている人はどんな職業で成功するのか。

それは占いで知ることはできません。なぜなら、どんな仕事でも、その両方の力量が必要だからです。理数系が得意な人はこんな仕事。芸術的な発想をする人はこの仕事。ついそんなふうに決めつけようとする。それは大きな間違いです。

もしも自分が論理的な思考が得意な運勢をもっているのなら、今の仕事の中でその能力を発揮できる場を自らがみつけていくこと。どんな仕事にも、必ずその力を発揮できる場があるはずです。

自分の運勢や得手不得手を知ることは、すなわち自分自身を知ることと同じです。その自分自身を知ったうえで、ならば自分は何をやるのか。どんな仕事にチャレンジするのか。最終的には自分の心に問いかけることだと思います。

タレントになりたいと相談にきたOLさん。それ以来訪れることはありませんでしたが、彼女はきっとタレントの道を選んでいるような気がします。

自分はタレントで成功するのは難しい。その思いをしっかりと抱きながら、夢に向かって歩き始めているような気がします。いや、そうであってほしいと私も思っているのです。私は彼女の瞳の輝きは忘れません。その輝きさえあれば、彼女の人生はきっと善きものになるでしょう。

そして件の女優さん。今でもチョイ役をこなしながら頑張っています。今の幸せを忘れずに、どうか歩き続けてほしい。結婚や出産によって歩みが留まることもあるでしょうが、それでも大好きな役者を続けていってほしい。

そしていつの日か、彼女がテレビ画面の真ん中にいる。そんな姿を見ることができれば、私もこの上ない幸せを感じると思います。

結婚線を「育てる」方法

私のところに占いを依頼してくる人たち。その内容を男女別で分けると、男性の悩みで多いのは転職です。これは現代社会を反映しているのでしょう。独立したり、あるいはリストラされて次の職を探したり。その悩みは、相当に深刻な場合があります。

本来ならば、私のところに来ても解決はしません。そんな時間があるのなら、自分の足で仕事を探すほうがいいに決まっている。

それでも彼らは私を頼ってきてくれます。きっとそれは、私に生きる勇気を与えてほしいからだと思います。

「運勢は良くはないけれど、きっと努力を続ければ良い運勢が待っているよ。今は苦しいかもしれないけど、頑張ってここを乗り切ってください」

私がそんな一言を添えるだけで、彼らは前を向くことができる。

与えられた運勢を受け入れながら、何とか良い方向に行くような努力を始める。少しでもポジティブな気持ちになって帰ってほしい。私の占い師としての願いはそれだけです。

さて、次に女性の相談ですが、やはり圧倒的に多いのは結婚に関することです。男女が出会って恋愛をし、そして結婚へとつながっていく。それは何となく運命や縁のように思われがちですが、そうではないと私は思っています。

運命や縁という目にみえないものに心を寄せるのではなく、もっと自分自身の心に問いかけることが大事だと思うのです。

「私には結婚線がないのですが、結婚ができないということでしょうか?」

とても深刻な顔をして私に聞いた女性がいました。手相における結婚線とは、小指の付け根の下にでてくるとされる線です。ご存知の人も多いと思います。

ここに結婚線がくっきりとでていれば、近々結婚するという運勢にあることがわかります。その線がでていないということは、今の段階では結婚の運勢がないということ。

しかしこれは勘違いしてはいけません。今は結婚の運勢がでていない。それは今のことであって、その状態がずっと続くというわけではないのです。手相を見るときに、私たちは虫眼鏡を使ってみています。それは、手相の中に書かれている、細くて無数にある線をみているからです。

くっきりと横に並んだ3本の線。1番上は感情線。真ん中にあるのが頭脳線。そして1番下が生命線になります。この3本の線は、基本的には変化することはありません。まさにその人がもって生まれた運勢や気質だからです。それは変わることはないし、変えることもできません。

しかし、手の平にある無数の細い線は、知らないうちに変化をしているのです。たとえば結婚線。「結婚したい」と言いながらも、本心でそれを望んでいない。恋人もいないけれど、とくに欲しいとは思っていない。そんな人には、結婚線は現れてきません。あるいは「結婚したい」と思いつつも、そのために何のアクションも起こしていなければ、その人には結婚線はでてこない。

出会いがあって恋人ができる。お付き合いをしていくうちに、互いに真剣に結婚を考えるようになる。そんな状況になって初めて、結婚線は浮き上がってくるのです。これはウソのように思われるかもしれませんが、ほんとうなのです。

細く無数にある線は、極端な話をすれば1週間もすれば変化します。自分ではなかなか気づくことはないでしょうが、私たちがみれば一目瞭然でその変化に気が付くものです。

適齢期は人それぞれ違うもの！

「私には結婚線がないのですが、結婚できるでしょうか」と相談に来る女性たち。

私の答えは「結婚線がでていないのは、あなた自身がいま本気で結婚したいと思っていないからよ。あなたが本気で結婚したいと思ったときに、もう一度自分の手相をみてごらん。きっと、くっきりと結婚線がでているはずだから」。

この一言で、多くの女性が笑顔を取り戻します。

「確かにそうですね」

「自分自身も真剣に結婚を望んでいないような気がします」

「今は結婚を考えることなく、目の前のことに一生懸命になればいいんですね」

自分自身の本当の気持ちに気が付く。

今、自分が何を求めているのか。今、自分が為すべきことは何なのか。それが明確にみえたとき、さまざまな悩みから人は解放されるのだと思います。そしてその心の解放をするための一助として、占いを利用してほしいのです。


結婚に関して言えば、いわゆる「適齢期」を知りたいという相談も後を絶ちません。世間でいわれるところの「適齢期」。それを通り過ぎると、途端に心配になってくる。

自分は適齢期を逃したのではないか。果たして私の適齢期はいつになったら訪れるのだろうか。その悩みもまた真剣なものです。

四柱推命を使って占えば、その人の出会いのタイミングは、ほぼわかります。いつの時期に大切な人と出会うのか。相性のいい人と出会うのはいつなのか。それは占うことはできます。

しかし、その出会いと結婚とはまた別のことだと思っています。

いくら大切な人と出会ったとしても、そのときにあなた自身が結婚を望んでいなければ、それは成就することはできません。また、相性がいい人だからといって、自分の気持ちを殺してまで結婚する必要もないと思います。

要するに結婚のタイミングとは、あなた自身が決めるべきことなのです。世間で言われるところの適齢期ではなく、まさにあなた自身が結婚したいと心から思えたとき。それこそが、あなたにとっての適齢期なのです。

40歳を目の前にして考える。そろそろ結婚をしなければ、子供を産むことができなくなってしまう。本気になって出産や結婚のことを意識し始める。もしもそういう思いが芽生えたのなら、それがその人にとっての適齢期です。

あるいは仕事に生きがいを見出し、60歳の定年までバリバリと仕事をしてきた。それこそが自分の生き方だと信じて走り続けてきた。

やがて仕事からリタイヤするときがやってきます。そのときにふと考える。これからの人生を共に過ごす人が欲しい。互いに助け合い、穏やかな暮らしを楽しみたい。もしもそういう思いがでてきたら、その人の適齢期は60歳にやってきたということなのです。

20代で結婚するのが普通。30代で結婚しないと子育てができない。50代になって結婚するのは変わっている。そんなことを誰が決めたのでしょうか。何が普通で、何が普通じゃないのでしょう。そんな「普通」などに惑わされないで、あなた自身の人生を歩いて欲しいと思います。

結婚したいのなら、結婚したいと強く心に思うことです。自分の適齢期が知りたいのなら、自分自身に聞いてみることです。

占いによって、ある程度の指標は提示することはできます。結婚の時期もだすことはできます。その相手との相性も知りたければ教えて差しあげます。でも、最後に決めるのは、あなたの心であることを忘れないでください。

大丈夫ですよ。あなたが結婚したいと願えば、必ず結婚できます。そしてそのときこそが、あなただけの結婚適齢期なのです。

淫欲の星、通称「ゲスの星」にご用心

さて最後に、ぜひ気を付けていただきたいことをお伝えします。

話は少し変わりますが、最近の女性をみていて気になることがあります。

それは、不倫の相談が増えているということです。ご主人が浮気をしているという相談ではありません。本人が不倫をしているということなのです。夫もいて、家もあって、子供もいる、にもかかわらず自分は別の男性と不倫をしている。

「今は経済的な事情で離婚することはできませんが、この不倫相手といつになったら結ばれるでしょうか」

まったく悪びれる様子などなく聞いてきます。世代の違いもあるのでしょうか。私には彼女たちの気持ちはどうしても理解することはできません。

まだ結婚してないときに別の男性に惹かれる。それはわかります。しかし、子供がいるにもかかわらず、その子供を家に残して不倫相手に会いに行く。そんな神経がどうしても理解できないのです。

この占いに何の意味があるのだろうか。ふと私は自問自答します。

四柱推命の吉凶星という星のなかに、淫欲《いんよく》というものがあります。この淫欲をもっている人は、男性女性に関わらず異性問題を起こしやすいとされています。

不倫の相談でやってくる女性を占うと、ほとんど90%の人がこの淫欲という星をもっていることがわかります。

こういう人は自分自身も浮気っぽいし、逆に言うと異性に誘われやすい星です。たいして美人ではないのに、なぜか男性が寄ってくる女性がいます。男好きのする女性。こういう人が淫欲の星をもった人です。

もしも自分の中にその淫欲をもっていることがわかったのなら、そういう場所には行かないようにすることです。やたらと男女が知り合うような場所は避けること。誘われても、安易について行ったりしないこと。そのように自分を律することで、曲がった道に行かなくても済むのです。


またもうひとつ言えば、この淫欲の星というのは、何も異性問題を起こすだけとは限りません。この星をもっている人というのは、ひとつのことに熱中することが得意です。それを上手に使うことです。

不倫に熱中するのではなく、家族のためにそのエネルギーを使うこと。自分の好きな趣味に使うことです。

女性の不倫はとても厄介なものです。男性の不倫は、ある意味では肉体関係が目的です。しかし女性は違います。肉体関係よりも、心の充足感を求めようとする。肉体関係が目的ならば、言い方は悪いですが飽きたら終わりです、

でも心の充足感を求め出せば、それこそ離れられなくなってくる。私のところに相談に来るある女性など、10年間も不倫関係を続けていると言います。

本人が心の充足を得ることは自由です。しかしその充足感の裏には、必ず罪悪感があるはずです。家で待っている我が子を思いながら、真の充足感など得ることはできないはず。それがわかっていて、どうして不倫などするのでしょうか。

きっと、心が寂しいのだと思います。夫も構ってくれない。優しい言葉もかけてくれない。子育てに追われて、忙しい日々に忙殺されている。誰かに支えてほしい。そんな寂しさを抱えているのだと思います。

その寂しさはもちろんご主人にも原因があるかもしれません。不倫をしている女性だけのせいではないかもしれない。

それでもやはり、不倫はしないほうがいい。もしも占いによって、その不倫相手との相性がすばらしく良いことがわかったとしても、そこに未来はありません。未来の見えない関係の中に、幸せが宿っていることはないのです。

[運命指数表]昭和48年〜平成6年

年＼月	1月	2月	3月	4月	5月	6月	7月	8月	9月	10月	11月	12月
1973年	33	4	32	3	33	4	34	5	36	6	37	7
1974年	38	9	37	8	38	9	39	10	41	11	42	12
1975年	43	14	42	13	43	14	44	15	46	16	47	17
1976年	48	19	48	19	49	20	50	21	52	22	53	23
1977年	54	25	53	24	54	25	55	26	57	27	58	28
1978年	59	30	58	29	59	30	0	31	2	32	3	33
1979年	4	35	3	34	4	35	5	36	7	37	8	38
1980年	9	40	9	40	10	41	11	42	3	43	14	44
1981年	15	46	14	45	15	46	16	47	18	48	19	49
1982年	20	51	19	50	20	51	21	52	23	53	24	54
1983年	25	56	24	55	25	56	26	57	28	58	29	59
1984年	30	1	30	1	31	2	32	3	34	4	35	5
1985年	36	7	35	6	36	7	37	8	39	9	40	10
1986年	41	12	40	11	41	12	42	13	44	14	45	15
1987年	46	17	45	16	46	17	47	18	49	19	50	20
1988年	51	22	51	22	52	23	53	24	55	25	56	26
1989年	57	28	56	27	57	28	58	29	0	30	1	31
1990年	2	23	1	32	2	33	3	34	5	35	6	36
1991年	7	38	6	37	7	38	8	39	10	40	11	41
1992年	12	43	12	43	13	44	14	45	16	46	17	47
1993年	18	49	17	48	18	49	19	50	21	51	22	52
1994年	23	54	22	53	23	54	24	55	26	56	27	57

[運命指数表]平成7年〜平成28年

年＼月	1月	2月	3月	4月	5月	6月	7月	8月	9月	10月	11月	12月
1995年	28	59	27	58	28	59	29	0	31	1	32	2
1996年	33	4	33	4	34	5	35	6	37	7	38	8
1997年	39	10	38	9	39	10	40	11	42	12	43	13
1998年	44	15	43	14	44	15	45	16	47	17	48	18
1999年	49	20	48	19	49	20	50	21	52	22	53	23
2000年	54	25	54	25	55	26	56	27	58	28	59	29
2001年	0	31	59	30	0	31	1	32	3	33	4	34
2002年	5	36	4	35	5	36	6	37	8	38	9	39
2003年	10	41	9	40	10	41	11	42	13	43	14	44
2004年	15	46	15	46	16	47	17	48	19	49	20	50
2005年	21	52	20	51	21	52	22	53	24	54	25	55
2006年	26	57	25	56	26	57	27	58	29	59	30	0
2007年	31	2	30	1	31	2	32	3	34	4	35	5
2008年	36	7	36	7	37	8	38	9	40	10	41	11
2009年	42	13	41	12	42	13	43	14	45	15	46	16
2010年	47	18	46	17	47	18	48	19	50	20	51	21
2011年	52	23	51	22	52	23	53	24	55	25	56	26
2012年	57	28	57	28	58	29	59	30	1	31	2	32
2013年	3	34	2	33	3	34	4	35	6	36	7	37
2014年	8	39	7	38	8	39	9	40	11	41	12	42
2015年	13	44	12	43	13	44	14	45	16	46	17	47
2016年	18	49	18	49	19	50	20	51	22	52	28	53

② ①で出した運命指数に生まれた日にちを足して生命指数を出します

下記の例を参考に生命指数を割り出します。生命指数が60を超える場合(61以上)は、60を引きます。

運命指数 + 生まれた日 = 生命指数

例) 1960年12月18日生まれ
59(運命指数)+18(生まれた日)
=77-60=17(生命指数)

＊61以上は60を引いた数値

四柱推命でわかる仕事運

**生まれた年・月・日・時間を使って、
運命や性格、体質など幅広く調べることができます。**

四柱推命学は、生まれた「年・月・日・時間」の4つの要素＝干支で運命を表す命式で割り出し、その人の人生全般を推測する学問です。

生まれた瞬間にどんな時の空気を吸い、「自分がどんな人間としてこの世に存在することになったのか」は、生日干支でわかります。
この生日干支によって、「性格・気質・体質・持ち味」を知ることができます。

仕事運や自分の向き不向きを知ることは重要です。自分らしいスタイルで仕事をすれば、ストレスなく効果が上がるはずです。

以下の手順に従って、あなたのタイプと仕事運を導き出してみてください。

① 生まれた年と月で運命指数を出します

［運命指数表］昭和10年～昭和28年

年＼月	1月	2月	3月	4月	5月	6月	7月	8月	9月	10月	11月	12月
1935年	13	44	12	43	13	44	14	45	16	46	17	47
1936年	18	49	18	49	19	50	20	51	22	52	23	53
1937年	24	55	23	54	24	55	25	56	27	57	28	58
1938年	29	0	28	59	29	0	30	1	32	2	33	3
1939年	34	5	33	4	34	5	35	6	37	7	38	8
1940年	39	10	39	10	40	11	41	12	43	13	44	14
1941年	45	16	44	15	45	16	46	17	48	18	49	19
1942年	50	21	49	20	50	21	51	22	53	23	54	24
1943年	55	26	54	25	55	26	56	27	58	28	59	29
1944年	0	31	0	31	1	32	2	33	4	34	5	35
1945年	6	37	5	36	6	37	7	38	9	39	10	40
1946年	11	42	10	41	11	42	12	43	14	44	15	45
1947年	16	47	15	46	16	47	17	48	19	49	20	50
1948年	21	52	21	52	22	53	23	54	25	55	26	56
1949年	27	58	26	57	27	58	28	59	30	0	31	1
1950年	32	3	31	2	32	3	33	4	35	5	36	6
1951年	37	8	36	7	37	8	38	9	40	10	41	11
1952年	42	13	42	13	43	14	44	15	46	16	47	17
1953年	48	19	47	18	48	19	49	20	51	21	52	22

［運命指数表］昭和29年～昭和47年

年＼月	1月	2月	3月	4月	5月	6月	7月	8月	9月	10月	11月	12月
1954年	53	24	52	23	53	24	54	25	56	26	57	27
1955年	58	29	57	28	58	29	59	30	1	31	2	32
1956年	3	34	3	34	4	35	5	36	7	37	8	38
1957年	9	40	8	39	9	40	10	41	12	42	13	43
1958年	14	45	13	44	14	45	15	46	17	47	18	48
1959年	19	50	18	49	19	50	20	51	22	52	23	53
1960年	24	55	24	55	25	56	26	57	28	58	29	59
1961年	30	1	29	0	30	1	31	2	33	3	34	4
1962年	35	6	34	5	35	6	36	7	38	8	39	9
1963年	40	11	39	10	40	11	41	12	43	13	44	14
1964年	45	16	45	16	46	17	47	18	49	19	50	20
1965年	51	22	50	21	51	22	52	23	54	24	55	25
1966年	56	27	55	26	56	27	57	28	59	29	0	30
1967年	1	32	0	31	1	32	2	33	4	34	5	35
1968年	6	37	6	37	7	38	8	39	10	40	11	41
1969年	12	43	11	42	12	43	13	44	15	45	16	46
1970年	17	48	16	47	17	48	18	49	20	50	21	51
1971年	22	53	21	52	22	53	23	54	25	55	26	56
1972年	27	58	27	58	28	59	29	0	31	1	32	2

⑤ ③のどの人、④のタイプで仕事のタイプを調べます

	申の人	乙の人	丙の人	丁の人	戊の人	己の人	庚の人	辛の人	壬の人	癸の人
独断専行タイプ	C	D	B	G	A	J	F	I	H	E
結果重視タイプ	D	C	G	B	J	A	I	F	E	H
協調円満タイプ	B	G	A	J	F	I	H	E	C	D
狷介孤高タイプ	G	B	J	A	I	F	E	H	D	C
臨機応変タイプ	A	J	F	I	H	E	C	D	B	G
安全第一タイプ	J	A	I	F	E	H	D	C	G	B
義理人情タイプ	F	I	H	E	C	D	B	G	A	J
杓子定規タイプ	I	F	E	H	D	C	G	B	J	A
唯我独尊タイプ	H	E	C	D	B	G	A	J	F	I
冷静沈着タイプ	E	H	D	C	G	B	J	A	I	F

⑥ あなたの仕事運

仕事のタイプ	特徴とアドバイス
独断専行タイプ	自分の思う通りに最初から最後まで一人でやらないと気が済まない。感情が顔に出やすいので注意!
結果重視タイプ	どんなやり方でも結果を出せばよい。状況に応じて判断する。誤解されやすいので誠意を忘れずに!
協調円満タイプ	仲間意識が強くみんなで楽しく和気あいあいと仕事を進める。時にはやる気のある態度も見せましょう。
狷介孤高タイプ	能力第一主義。斬新さ、独創性がある。プライドが高く人の使い方が下手。たまには素直になりましょう。
臨機応変タイプ	常に動いている働き者。何事にも大胆であり、YES・NOがはっきりしている。焦らず待つのも大事。
安全第一タイプ	コツコツと仕事を進める。誠実に確実に仕事をこなす。バランス感覚がある。時には思い切った行動も必要。
義理人情タイプ	頼りにされないと頑張れない。命令には忠実に従い手段を選ばない。感情に流されないようにしましょう。
杓子定規タイプ	几帳面で完璧。自分にも相手にも厳しい。仕事は正攻法。思い通りにいかなくても八つ当たりは厳禁!
唯我独尊タイプ	好きな仕事には熱心だが興味のないことには目が向かず、粘り強さに欠ける。最後までやり遂げましょう!
冷静沈着タイプ	仕事は緻密で深く考えてから行動する。些細なことにもこだわる。細かいことを気にするのは程々に!

③ 生命指数表で申～癸のどの人か調べます

生命指数表

51 甲寅	41 甲辰	31 甲午	21 甲申	11 甲戌	1 甲子	甲の人
52 乙卯	42 乙巳	32 乙未	22 乙酉	12 乙亥	2 乙丑	乙の人
53 丙辰	43 丙午	33 丙申	23 丙戌	13 丙子	3 丙寅	丙の人
54 丁巳	44 丁未	34 丁酉	24 丁亥	14 丁丑	4 丁卯	丁の人
55 戊午	45 戊申	35 戊戌	25 戊子	15 戊寅	5 戊辰	戊の人
56 己未	46 己酉	36 己亥	26 己丑	16 己卯	6 己巳	己の人
57 庚申	47 庚戌	37 庚子	27 庚寅	17 庚辰	7 庚午	庚の人
58 辛酉	48 辛亥	38 辛丑	28 辛卯	18 辛巳	8 辛未	辛の人
59 壬戌	49 壬子	39 壬寅	29 壬辰	19 壬午	9 壬申	壬の人
60 癸亥	50 癸丑	40 癸卯	30 癸巳	20 癸未	10 癸酉	癸の人

④ 生まれた日からA～Jのタイプを調べます

生まれた日	タイプ
2/4～2/11、4/18～5/13、8/8～8/15、10/22～11/15	A
2/12～2/18、5/21～6/16	B
2/19～3/16、11/16～11/22	C
3/17～4/14、7/17～7/19	D
4/15～4/17、12/18～1/15	E
5/14～5/20、8/23～9/18	F
6/27～7/16、10/19～10/21	G
8/16～8/22、11/23～12/17	H
1/16～1/18、9/19～10/18	I
1/19～2/3、6/17～6/26、7/20～8/7	J

ソフィア・リブラ　Sophia Libra
一般社団法人国際花風水協会代表理事
一般社団法人日本顔相学会代表理事
ソフィアリブラ事務所代表
ソフィア占術学院主宰
1958年東京生まれ。20代より中国占術の勉強を重ねて、国際風水協会（IFSA）のグランドマスター（最高位の風水師）盧恆立老師（レイモンド・ロー）に師事。「Sophia」の名を授かる。
また『笑っていいとも！』に出演しお茶の間でも人気者となった嘉祥流観相学の創始者・藤木相元の弟子として、観相学の理論、開運のための哲学を学ぶ。
四柱推命学をはじめ風水や顔相・手相などのあらゆる占術による総合的なアドバイスは、OLや主婦をはじめ、各業界の経営者を開運に導くことで定評がある。
講師を務める講座・レッスン・カルチャー教室は、いずれもキャンセル待ちが出るほどの人気となっている。
［ソフィア・リブラ公式サイト］http://www.sophia8.jp

占いで幸せになる女《ひと》 不幸になる女《ひと》

2016年12月29日　初版第1刷発行

著　者　ソフィア・リブラ
発行人　佐藤有美
編集人　安達智晃

発行所　株式会社経済界
〒107-0052　東京都港区赤坂1-9-13　三会堂ビル
出版局　出版編集部　☎03(6441)3743
出版営業部　☎03(6441)3744
振替　00130-8-160266

http://www.keizaikai.co.jp

ブックデザイン　小口翔平＋岩永香穂（tobufune）
カバーイラスト　牛久保雅美
編集協力　網中裕之
印刷所　株式会社光邦

ISBN978-4-7667-8607-1